Wiglaf Droste

**Will denn in China gar kein Sack Reis
mehr umfallen?**

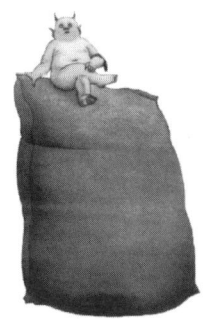

Wiglaf Droste

Will denn in China gar kein Sack Reis mehr umfallen?

Philipp Reclam jun. Stuttgart

RECLAM TASCHENBUCH Nr. 20177
Alle Rechte vorbehalten
Die bei Edition Tiamat erschienene Ausgabe wurde vom Autor
bearbeitet und ergänzt.
© für diese Ausgabe: 2009 Philipp Reclam jun. GmbH & Co. KG, Stuttgart
2. Auflage 2010
© 2007 Edition Tiamat Klaus Bittermann, Berlin
Reihengestaltung: büroecco!, Augsburg
Umschlaggestaltung: Eva Knoll, Stuttgart, unter Verwendung eines Bildes
von Nikolaus Heidelbach
Autorenfoto: Ingo Pertramer, Wien (www.pertramer.at)
Gesamtherstellung: Reclam, Ditzingen
Printed in Germany 2010
RECLAM ist eine eingetragene Marke
der Philipp Reclam jun. GmbH & Co. KG, Stuttgart
ISBN 978-3-15-020177-0

www.reclam.de

Für die Liebste,
die Musik mich lehrt

Salat ist sinnlos, knackt aber

WENN ES STIMMT, dass Sprache eine Waffe ist, dann wäre Sprachkritik eine Kritik der Waffen mit ihren eigenen Mitteln. Die sprachlichen Waffenarsenale einer eingehenden Betrachtung zu unterziehen, lohnt immer – selbst dann, wenn es modern ist, das zu tun. Die Beschwerde darüber, dass Angehörige des Proletariats sich mitunter einer eingeschränkten, groben Sprache bedienen, ist allerdings nicht eben sensationell.

Interessanter ist doch die Sprache derjenigen, die sie als berufliches Handwerkszeug benötigen und entsprechend pflegen und in Schuss halten sollten. Schließlich sprechen sie öffentlich, im Fernsehn, im Radio, oder sie schreiben öffentlich, in der Zeitung.

Wie der Medienmensch spricht, so denkt er auch, und das gibt zu denken. »Stark eingebrochen ist die Kauflust«, sagte eine Nachrichtensprecherin in den ARD-*Tagesthemen*. Ich stutzte und staunte: Was die Kauflust alles kann – sogar einbrechen. Wie muss man sich das vorstellen? Brach die Kauflust beim Schlittschuhlaufen auf dem zugefrorenen See ein? Oder, ganz anders, nächtens in eine Villa, wo sie dann das Silber klaute?

Solange es Journalismus und Journalisten gibt, mediale Breittretungsorgane, so lange wird es Sprachkritik geben. Koalitionen werden »fit gemacht«, es wimmelt von »Top-

Themen«, eine Reform hat »Eckpunkte«, in denen Kreis und Quadrat zu einer Einheit verschmolzen werden, die geometrisch interessant aussehen könnte. Manche sagen sogar: »Ich kenne jede Ecke des Erdballs« – und fühlen doch nichts. »Zeitnah« werden Entscheidungen getroffen, ganze »Zeitfenster« werden aufgerissen. Würfe man einen Pflasterstein in ein Zeitfenster hinein, und es klirrte nicht – wäre das Zeitfenster dann geöffnet? Oder ist es schlichtweg nicht existent? Sondern eine Erfindung aus dem Hause Wichtig? Zeitnahe Zeitfenster haben und ergeben keinen Sinn, aber das müssen sie auch nicht, denn sie sollen, im Gegenteil, »Sinn machen«.

Sinn machen klingt wie Pípí machen – und genau so infantilisiert ist die Welt, die sich hinter dieser Blähsprache verbirgt. »Das macht Sinn« – wer so spricht, will sich aufpumpen und bedeutend machen, der will »einen Distinktionsgewinn erzielen«, wie das in Feuilletonsprech heißt.

In dieser Welt wird simple Reklame zu einer Johannes-B-Kernerschen »wichtigen Produktinformation«, kurze Entfernungen sind »fußläufig«, wahrscheinlich wie die sprichwörtliche fußläufige Hündin. Äußerungen sind »grenzwertig« und Sachverhalte »gewöhnungsbedürftig«, obwohl doch das handelnde Subjekt der Gewöhnung bedarf, nicht das passive Objekt.

Wer solchen Radebrech kultiviert, »verschriftet« auch seine Beiträge in »Meetings«, vergrößert seine »Relevanz«, schreibt ein »Impulspapier« und will sich »optimieren«, wenigstens »ein Stück weit«, jedenfalls so lange, bis er dann »Sinn macht«.

Wie beispielsweise Tom Buhrow. In den *Tagesthemen* dampfquakelt das ARD-Ankermännchen routiniert umnachtet drauflos: »Hier ist der Knackpunkt.« Ah ja, der Knackpunkt – allein, was wäre ein Knackpunkt? So etwas wie ein Eckpunkt, nur dass er eben auch noch knackt? Ist der Knackpunkt dem »Knackfaktor« verwandt, den die Lebensmittelbranchenwerbung für grüne Äpfel ersann? Oder dem Salat, der komplett gehaltlos sein darf, wenn er nur immer »knackig« ist?

Knackiger Salat ist sinnlos – nährstoff- und geschmacksfrei, aber knackig. Denn knacken muss es, unbedingt; das Wichtigste am Essen ist offenbar nicht der Geschmack, sondern das Geräusch, der »Sound«, der vom »Sounddesigner« kommt – ein möglichst lautes Krachen und Knacken im Mund. Dazu trinkt man importiertes Mineralwasser – im Angeberplural »Mineralwässer« – oder ein »fassfrisches« Bier, selbstverständlich »Premium« beziehungsweise wie im besonders schweren Fall *Warsteiner*, sogar »Premium Verum«, denn Premium heißen ist die vornehmste Pflicht aller Gülle, und »fassfrisch« muss sie auch sein, aber hallo. Wer soll sich davon angesprochen fühlen, wenn nicht ein Köter: »Hasso fassfrisch!« Hasso trank ein Premium / Bumms, da fiel der Hasso um.

Wenn man den fußläufigen, zeitnahen, eck- und knackpunktenden, fassfrischen Sinnmachern so genau zuhört, wie die sich das niemals wünschen dürften, möchte man hinterher ein altes Lied anstimmen: Die Gedanken sind Brei, wer kann sie erahnen …

Alles wird Grillgut

Eine Hitzewelle im sommerlichen Park

STILL LAG DAS LAND UNTER einer schweren Hitze im Sommer 2006. Die Menschen gaben Ruhe; zumindest brüllten sie nicht mehr. Sie hatten ihre Körper, ihre Behausungen und ihre Automobile entflaggt, entwimpelt und entfahnt, man konnte die Augen wieder öffnen, ohne auf der Stelle schwarz-rot-gold-blind zu werden.

Der kollektive Wahn hatte Pause. So konnte man sich wieder dem Einzelirrsinn zuwenden, der im Gegensatz zur Massenhysterie die eingehende Betrachtung lohnt, weil er vergleichsweise leise irritiert und damit der Daseinsroutine subkutan in die Quere kommt. Nicht selten ist individuelle Verrücktheit sogar charmant.

Alles fuhr an die Gewässer oder legte sich unter Bäume. Im Park hatte ein junger Mann ein Tasteninstrument aufgebaut und spielte Bach. Er war nur mit einer kurzen Turnhose bekleidet. Einen Hut hatte er nicht neben sich gelegt, er wollte kein Geld, keine Almosen, er spielte Bach, um Bach zu spielen und dabei nicht allein zu sein. Zehn Meter weiter lag ein Pärchen eng umschlungen auf einer Decke auf dem Rasen. Solange die Frau und der Mann sich küssten, hielten sie die Schrecken der Welt in Schach. Hört nicht auf damit, dachte ich. Hört niemals auf, euch zu küssen.

Ich radelte auf meinem Gazelle-Fahrrad noch ein wenig um des Radelns und um des Fahrtwindes willen weiter, ließ mich dann im Schatten nieder, breitete Buch, Schreibzeug und Proviant auf meiner Decke aus und streckte mich behaglich hin. Mit dem Strohhut fächelte ich mir Luft zu und hielt Umschau. Viele Menschen kamen des Weges, einzeln, zu zweit oder in Gruppen. Nicht wenige führten ambulante Grillgeräte mit sich, dazu Papiertüten mit Holzkohle und Rucksäcke oder Kühltaschen voller Getränke und Grillgut. Kann man Grillgut eigentlich essen? Oder ist das so etwas wie Stein- oder Salzkammergut? Knirscht Grillgut zwischen den Zähnen wie Streugut unter den Füßen? Wird es am Ende nur verbrutzelt, um die Luft mit Rauch zu schwängern und so ein archaisches Gefühl der geselligen Sicherheit am Feuer zu erzeugen? Wird alles Grillgut? Kommen irgendwann alle in den großen Marinadetopf, werden gegrillt und weggegessen, und dann ist Ruhe im Karton?

In der Wärme nickte ich ein und döste weg. Als ich erwachte, wurde es Abend, die Dämmerung war angebrochen. Ich sah mich um. Nur wenige Meter entfernt hatte sich eine Gruppe ins Gras gelagert. Ich zählte drei Frauen und drei Männer, alle waren etwa Mitte fünfzig. Sie hatten Teelichter in Gläser gestellt, angezündet und in zwei Kreisen um sich herum im Gras aufgebaut. In der Mitte des doppelten Lichtkreises befand sich ein dritter kleiner Kreis aus Kerzen; um diesen Kreis saßen sie und unterhielten sich halblaut – laut genug, dass ich jedes Wort verstehen konnte.

»Der Rundtanz ist eine der ältesten Kulturformen überhaupt«, sagte eine der Frauen und erhob sich. Sie trug ein langes, wallendes Kleid. »Wir wollen jetzt zusammen um den kleinen Lichtkreis tanzen. Es ist schön, gemeinsam Schritte zu lernen.« War das wahr? Das wollte ich sehen. Ruhig blieb ich liegen. Alle waren aufgestanden, hatten sich um die Lichter herum hingestellt und hielten sich bei den Händen. Der Haltung ihrer Körper nach zu urteilen, schienen sie eher verlegen als begeistert zu sein. Die Sprecherin aber hatte genug Enthusiasmus für alle: »Wie schön, dass ihr mit mir tanzen wollt.« Sie bückte sich und fummelte an einem CD-Spieler herum.

Musik erklang, eine Stimme sang auf Griechisch. Ich kannte das Lied. Es war von Mikis Theodorakis, auf Deutsch hatte es Milva gesungen, und in manchen Frauenkreisen hatte es Furore gemacht: »Iich mag diich, weil du klug und zä-hä-härtliich biist, und doch, das iist es nicht alla-heiin/ Du zeiigst miir iimmer, dass es mö-hö-höglich iist, ganz Frau und trotzdem freii zu seiin …« Was Theodorakis im Original sang, verstand ich nicht, aber ich sah das Sextett um die Kerzen herumtaumeln, ungelenk und tapsig, fern jeder Rhythmik, eher in schüchtern versuchter Selbstvermeidung denn in Ekstase. Nur eine im Kreis schien zu allem entschlossen und riss die gutmütige Strummselgruppe mit sich. Die Frau hatte offenbar ganz prachtvoll einen an der Waffel.

Die Gruppe sank ins Gras zurück. Erneut riss die Anführerin das Gespräch an sich: »In der ersten Hälfte des Lebens lernt man, in der zweiten genießt man.« Das klang fade, nach Kalenderblatt und Konsensmilch. Und stimmte es überhaupt? Oder ölt man in der zweiten Hälfte des Lebens genauso unfähig herum wie in der ersten, ohne allerdings den Charme der Jugend auf seiner Seite zu haben?

Die Sprecherin erhob sich und nötigte ihre Begleiter, es ihr gleichzutun. »Ich habe noch einen schönen Rundtanz für uns«, drohte sie. »Das Lied heißt ›Die Ulme‹ und stammt aus Litauen.« Sie wandte sich dem CD-Spieler zu. Schleunigst rakte ich meine Sachen zusammen, warf sie in den Fahrradkorb und zischte auf meiner treuen Gazelle davon. Zwischen meinen Ohren aber fieselte Milva: »… ganz Frau und trotzdem freii zu seiin …« Wieso eigentlich »trotzdem«?

Die neue Redefreiheit:
Konjunktur brummt, Frau tickt

FLÄCHENDECKEND VOLLPLAKATIERT ist das Land mit Reklame für billiges Telefonieren. »BASE – Freedom of Speech« verspricht uns »Die neue Redefreiheit«. Mir hätte die alte genügt: die Freiheit, öffentlich Gedanken äußern zu können, die den Namen Gedanken verdienen. Die Werbeparolen für »die neue Redefreiheit« heißen »Sprich dich aus!«, »Endlich lang drumrum reden« oder »Endlich alles ausplaudern«. Und das tun jede Menge substanzfern orientierte Menschen dann ja auch, bevorzugt an öffentlichen Plätzen, in Cafés oder im Zugabteil. So muss niemand mehr im Unklaren darüber bleiben, welche Männer in Deutschland ihre Frau als »Mausi« und welche Frauen ihren Mann adäquat als »Hasi« zum langsamen, qualvollen Tod durch Verniedlichung verurteilen.

Die neue Redefreiheit ist eine Lizenz zum Labern. Delirierende Sprechdilettanten müssen sie käuflich erwerben, während die Profis, unsere Journalisten, sie gratis oder mit dem nach ihnen benannten Rabatt bekommen. »Die Konjunktur brummt«, spricht der Chefredakteur des Bayerischen Rundfunks aus dem Fernsehkasten heraus – und glotzt gleich misstrauisch nach, ob das auch alle schön glauben. Wie es sich für einen echten Nullsatzfachmann gehört, bleibt Siegmund Gottlieb jeden Beweis für seine Behauptung schuldig. In seiner Profession muss er aber auch nicht empirisch oder argumentativ arbeiten; Positivgerede und Schönfärberei haben, mitsamt ihren Zwillingsschwestern Katastrophengeschrei und Hysterie, den klassischen Journalismus längst ersetzt. Es geht um nichts als um Stimmung.

Ob die Konjunktur, so sie das denn könnte, am Ende brummte wie ein satter Grizzly oder eher wie ein altersschwacher Kühlschrank, spielt keine Rolle. Non cogito ergo brumm.

Diesem Leitmotiv schließt sich die Illustrierte *Vanity Fair* an und erklärt uns Wesen und Regelwerk der Ökonomie: »Präsident Horst Köhler trainiert zweimal die Woche im Fitnessstudio und joggt regelmäßig. Deutschland wird fit. Die Konjunktur kann folgen.« Das nennt man wirtschaftliche Analyse. Wie aber heißt der vollesoterische Satz »Deutschland wird fit« in richtigem Deutsch?

> Turnt das Land demnächst am Barren?
> Hängt es schwer am Reck?
> Stemmt es Hanteln? Läuft es schwitzend
> Fort und bleibt für immer weg?

Das wäre nicht schlecht.

Weniger ums Brummen als ums Ticken geht es dem *Spiegel*. »Wie tickt die Frau?«, fragt das Blatt; abermals ist *Vanity Fair* ganz vorn und weiß die Antwort, zumindest so vanity-ungefähr: »Frauen ticken anders als Männer.« Woraus sich schließen ließe: Alle Frauen sind Uhren. Oder Zeitbomben.

Könnte es aber sein, dass mit den Objekten solcher Forschung Damen gemeint sind, die mit einem Anagramm von Uhren beschrieben werden? Und sich das Ganze überhaupt um etwas dreht, das sich auf ticken reimt?

Die neue Redefreiheit garantiert eine lückenlose und unverzügliche Rund-um-die-Uhr-Versorgung mit allen wichtigen, brandneuen Erkenntnissen und Nachrichten aus dem Hause Dr. Küch. Psych.: Konjunktur brummt, Frau tickt. Und irgendwo piept's.

Die Elster, Skinhead der Lüfte

HEISERE, KAPUTTSTIMMIGE SCHREIE zerreißen die morgendliche Stille. Unfreiwillig erwacht der Schläfer, von hässlich ratschendem Kä-Kä-Käk roh geweckt. Draußen, im Hinterhofbaum, zetert die Elster, und auch vorn, von der Straße her, kreischt die schwarz-weiße Pest. Es ist Elsteralarm.

Wie das Auge der Lump unter den Sinnesorganen ist, oberflächlich, bestechlich und flüchtig, so ist die Elster die SA der Vogelwelt. Allein auf Dummheit und Brutalität setzt die Elster, mehr hat sie nicht zu bieten. Die Elster ist der Skinhead unter den Vögeln. Ihr einziges Ziel ist Monokultur, das Umbringen und Vertreiben von allem, was nicht Elster ist. Schwarz-weiß ist die Elster – wie ein Springerstiefel, in den ein weißer Schnürsenkel eingezogen wurde, um die miesestmögliche aller Gesinnungen zu zeigen, den Wahn von der weißen Herrenrasse. So ein Drecksvogel ist die Elster.

Auf die Blumen am Balkon wirft sich die Elster, zerhackt sie mit scharfem Schnabel. Ihr Hass gilt allem Anderen, allem Schönen. Die zarte Blaumeise greift sie an und all die zaubrisch tirilierenden Sängerinnen und Sänger der Vogelwelt. Elster kann nur krächzen und knarren, also soll niemand singen dürfen. Todesschwadronen schickt die Elster aus, die Nester anderer, anmutiger Vögel zu zerstören, die Gelege zu vernichten und die Jungvögel abzuschlachten. Doch kein UN-Blauhelmeinsatz rettet die Opfer der Elster. Der Rest der Welt sieht gleichgültig zu und schutzbehauptet feige, ihm seien die Hände gebunden. Auch unsere Turmfalken sind matt und heuchlerisch geworden und gebieten der Elster nicht Einhalt. Das Bewohnen von Kirchen hat sie ihres Charakters beraubt.

Die Beweislast gegen die Elster ist erdrückend. Elster hört *Böhse Onkelz* und singt entsprechend, Elster liest *Junge Freiheit* und spricht auch so. Elster zetert ständig, das Volk der Elstern stürbe aus. Das ist leider überhaupt nicht wahr. Hinter der Deckung dieser Lüge vermehrt sich die Elster rasend und wandelt blühende Gärten in Steppen und Wüsteneien. Es ist an der Zeit, der Elster in den ausgestreckten rechten Flügel zu fallen. Der Nazivogel braucht einen vor den Latz. Schnell, dringend und unmissverständlich.

Sage keiner, es gönge nicht. Das medizinballgroße Elsternnest vor dem Fenster ist mit einem Besen schnell aus dem Baum gehauen. Auch Freunde der Luftpistole können gute Werke tun. Kanonier Klink, Elster auf neun Uhr! Dschuff!, hat die Elster final eine hängen. Der Schütze hängt das Viech an einer Kralle kopfüber in den Baum; das martialische, archaische Bild zeigt Wirkung, der Todesvogel ist seinen Kollegen ein deutlicher Wink zum Beidrehen und Wegsein.

Meist bringt der Luftpistolenbeschuss die Elster nicht einmal um, aber bei Wiederholung zeigt die medizinische Bleianwendung Folgen: Sich die blauen Flecken reibend, verzieht sich das zänkische Elsternehepaar. Das Leben kehrt zurück, die Singvögel trauen sich wieder nach Hause, sogar Zaunkönige, und nisten und singen, dass es eine Lust ist. Die kleinen gelbroten Schnäblein sperren sie auf, als wären sie von Nikolaus Heidelbach gemalt. Tränen der Freude dürfen wir vergießen über so viel Zartheit der Schöpfung.

Und sie beschützen, gegen marodierende Elster-Kameradschaften. »Dies wetze scharf dein Schwert, verwandle Gram in Zorn; erschlaffe nicht dein Herz, entflamm es!«, heißt es in Shakespeares *Macbeth*. Ich will den Dichter beim Wort nehmen. Elster ist eklig, Elster ist überall. Der Krieg gegen die Nazi-Elster und ihr Gebrüll ist hiermit erklärt.

Halt irgendwie oder so

Das Wattegebrabbel

WER OHREN AM KOPF HAT und von ihnen auch dezidiert Gebrauch macht, fühlt sich oft wie ein Gast auf *terra incognita*: Babylon-Gebabbel, Geschrei, Gerammel und Geschnassel, rabimmel, rabammel, rabumm. Das alte Kommunikationsmodell »Senden – empfangen werden – die Rückmeldung empfangen – zurücksenden und auf diese Weise in klarer Verbindung bleiben« ist längst außer Kraft. Alle senden gleichzeitig, und vor allem senden sie bei voller Lautstärke. Alles jabbelt, brüllet, sabbelt, und niemand hört zu. Empfänger dieses Tohuwabohus sind die Trommelfelle unschuldiger Zufallshörer, also zum Beispiel meine. Ich muss mir das alles anhören.

Aber auch das scheinbar empfindungsarme Publikum zeigt Wirkung. Die Reaktion auf das Vollgeballert- und Vollgeknattertwerden ist Reserviertheit; man hält sich zurück und legt sich seinerseits nicht mehr fest. So entsteht das wachsweiche Wattegebrabbel, der Jargon der Unverbindlichkeit. Und der klingt so: »Dann sind wir da halt irgendwie hingefahren und haben da halt was gegessen und dann war halt irgendwann Schluss oder so und dann ...« Man wird zum moribunden, ins stille Erdreich flüchtenden Murmeltier von diesem »Halt irgendwie halt oder so«-Sprachbrei – der dem Kopfbrei entspricht, weil die sprachliche Idiotie nun einmal immer analog zur gedanklichen sich vollzieht.

Wer das Füll- und Nullwort »halt« auf seine Mitmenschheit ausgießt, dem soll jedes Mal mit einem entschiedenen »Stop!« begegnet und geantwortet werden. Wer »halt« sät, soll »Stop!« ernten, klar und entschieden »Stop!«. Das wirkt sofort, Sie dürfen mir glauben, ich habe es ausprobiert: »Stop!« Gleichfalls mit Hohn belegt wird die Nichtssagerfloskel »oder so« – »oder so« ist wie der alternative Herrenzopf am Kopf eines Mannes. Wer Zopf trägt, muss auch Zopf sprechen, anders geht es offenbar nicht, halt irgendwie oder so, vielleicht …

Die da so vage bleiben und sprechen, haben auch »Bauchgefühle«, sagen entsprechend »von daher« oder, noch geistferner, »also von daher« beziehungsweise schweizerisch »also von dem her«. Sagen möchte die Adelsfamilie derer von daher eigentlich »deshalb«, »darum« oder »deswegen«, aber das wäre ja zu konkret und also zu hart, und so heißt es: »also von daher …« Die professionelle Variante im journalistischen Leitartikel klingt dicker, ist aber gleich mager: »Freilich« sagt der Journalist, / der in Wörterfüllnot ist. Mindestens ebenso gern wie »freilich« nimmt er »gewiss«. Achten Sie einmal darauf, wie viele öffentlich-rechtliche Gewissträger es gibt.

Wer dann noch immer nicht genug hat vom öffentlichen Nullundnichtig, der höre einmal zu, wie oft am Tage er die Zwangsformulierung »nach dem Motto« erdulden muss. Denn die ganze labbrige »Ich sag mal irgendwie oder so von daher«-Sprachmarmelade gehorcht dem Motto »nach dem Motto«.

Sie hörten die Ziehung der Mottozahlen.

Schwarzer, *Bild* und Besserwelt

Bösartig zugepetert und vollgeprengelt mit Reklame war die Stadt auch im Sommer 2007. Erneut fiel *Bild* lästig mit der Behauptung: »Jede Wahrheit braucht eine Mutige, die sie ausspricht.« Dem hinzugegeben war eine Fotografie, die Alice Schwarzer zeigte, die Herausgeberin von *Emma*, die bundesverdienstkreuzgeschmückte Kämpferin für das Frauen- und Menschenrecht, in der Bundeswehr das Handwerk des Tötens zu erlernen. Schwarzer wirbt für *Bild,* und *Bild* wirbt für Schwarzer – war das nicht ein Triumph der Emanzipation? Der alte Erz- und Hetzfeind *Bild* hatte es endlich eingesehen, dass ohne Frauen kein Staat zu machen ist? Vor allem, wenn die Frauen ohnehin nichts anderes, weniger Konfektioniertes wollen als die Männer? Hatte also der Feminismus nicht doch am Ende gesiegt? Oder war der große *Emma*-Emanzipationsfeldzug seit den siebziger Jahren nichts als eine gigantische Kampagne zur Prominentisierung Alice Schwarzers?

Ich habe mit eigenen Augen tote Fische gesehen, die es ablehnten, sich in *Bild* einwickeln zu lassen. Alice Schwarzer ist da nicht so krüsch – die Dame kam dort an, wo die Gesellschaft am dreckigsten ist: in ihrer Mitte, in *Bild* und ihrem Chefredakteur Kai Diekmann. Es wuchs nur zusammen, was immer zusammengehörte: Existenzen, die fest entschlossen sind, einen Beitrag zur Banalisierung und Primitivisierung der Welt zu leisten, in der sie, nachdem sie die Welt entsprechend zugerichtet und auf ihr Niveau herabgezogen haben, eine entsprechend großspurig angelegte Rolle spielen können.

Ähnlich aufwändig wie *Bild* tapezierte die Firma *Bionade*

die Anzeigenplätze des Landes. Die *Bionade*-Limo schmeckt passabel, die kleine Brauerei in der Rhön ist so sympathisch wie ihr Erfolg erfreulich – aber dann warben die Sprudelmacher mit dem trendschlauen Abgreiferspruch: »Das offizielle Getränk einer besseren Welt«. Ach je, die bessere Welt. Dieses sumpfige Schlickenfängerterrain hätten sie besser den Charity-Ladies Grönemeyer, Geldof, Bono et cetera gelassen, die sich alle ihr Stückchen Elend und Afrika eingezäunt und parzelliert haben. In einer vernunftfreien Weltordnung ist Gratismoral ein Fellow-Traveller-Scheck, der sich zu Geld machen lässt. »Wir sind die Guten, kauft uns«, lautet die Ranschmeißerbotschaft, der sich auch *Bionade* anschloss. Und sich damit als offizieller Ausrüster der Traumhochzeit von Alice Schwarzer und *Bild* empfahl.

Abenteuer Seenlandschaft

Wasser ist mein Lieblingselement. Man wirft sich hinein und alles ist eins mit allem. Schwümmn ist gottvoll, es muss allerdings Natur sein. Gechlortes Wasser geht nicht, es rötet das Auge, zerjuckt die Haut und peinigt die Atemwege.

Und so singen wir im Chor:
Tschüssi, Tschüssikowski, Chlor!

Seen und Flüsse und das Meer sowieso aber bringen es voll: die Mittelmeerküste, schottische Lochs, mexikanische Wasserfälle – ich sage nur: Tolantongo! –, der Atlantik bei Sagres im äußersten Südwestportugal, französische Flüsse:

O wie schön bist du,
La Loue!,

die Helgoländer Hochnordsee, in der Innerschweiz der Thuner See, wo der Thunfisch herkommt, und in Zürich die Limmat, denn die schimmat.

Im Nassen ist Leben, also jede Menge los. Mit Seen stehe ich auf bestem Fuß – sogar mit brandenburgischen Binsen- und Binnengewässern. Dort lernte ich schon vor Jahren schwimmend den Hodenhecht kennen; deutlich tangierte er mich, den sachteren Sacksaibling mir zuführend. Auch der zurückhaltende Anusaal, die Vorhautforelle und der zarte Brustspitzenbarsch machten mir ihre Aufwartung, und die badenden Damen erfreute der Klitoriskarpfen. Das war sehr schön, ich vergaß direkt, dass ich in Brandenburg war, im scheußlichen Preußen. Im wie gemaltbesoffen vor sich hin liegenden Mecklenburg hatte ich mich sogar fest mit der aparten Mösenmaräne befreundet, das hatte sich höchst aufregend gestaltet, war aber lange her.

Nun galt es, die sächsische Seenlandschaft zu erkunden. Täglich hieß es:

Das ersehnte Gewitter zog an Lei
pzig auch heute wieder vorbei.

So ging es auf meinem königlich-holländischen Gazelle-Fahrrad wasserwärts. Heiß war es, kochend heiß, ich fühlte mich wie ein glühender Tauchsieder, der, kaum zu Wasser gelassen, den See in einer gewaltigen Dampfwolke weg- und davonzischen würde.

Das Seeufer wurde belagert von einer großen Menge tätowierter Damen und Herren; viele der buntgenadelten Körper sahen aus wie Häuserfassaden, die besonders ideenlosen und stümperhaften Graffiti-Sprayern in die Hände gefallen waren. Wie schade. Grünblau metallisch aber hubschrauberten Libellen direkt überm Wasser, kleine Fische knupperten an meinen Beinhaaren herum, einer von ihnen sprang auch einmal an Land, aufs Trockene, wurde aber vorsichtig auf die Hand genommen und gerettet.

Gazelle, Libelle, Fischlein – als Mensch hat man vergleichsweise die Arschkarte gezogen – oder, für unsere Etepeteteren, den Schwarzen Peter. Und als wie prächtig erwies sich bald die Vielfalt des Fischlebens im sächsischen See! Zehen- und Zungenkusszander schwammen munter, ein Harnröhrenheilbutt stellte sich vor, einen Hämorrhoidenhai im Schlepptau hinter sich her ziehend; selbst der seltene Rektalrochen ließ sich blicken. Ein Schwarm Schwanzsprotten blinkte vorbei, die zarte, bildschöne Scheidenschleie gab sich die Ehre und wies eher vulgäre Popoaale und Skrotumstinte in ihre Schranken. Elegant zog die Schamlippenscholle ihre Kreise, sogar der äußerst rare Vulvawels wurde gesichtet, und die Partyplötze stöhnte: »Du willst es doch auch …!«

Während ich all die herrlichen Fische bewunderte und mit ihnen schwamm, stieg eine Badende ins Wasser, eine Venus, schritt durch den angenehm grobkörnigen Fußpeelingsand des Sees und rief staunend aus: »Nu isses denn möchlich: ne Fotzenflunder!« Ich wurde scharlachrot. Fotzenflunder, das hätte ich mich als Mann niemals zu sagen getraut. »Penispirañaaaah …!«, rief ich noch – und versank im See.

Dann verstummten, endlich helle
Mensch und Fischchen und Gazelle.

In der Wellness-Hölle

»Alles klar. Ich schaufel' mir das frei«, sagt der Mann am anderen Ende der Telefonleitung. Zwar hat er noch nie im Leben eine Schaufel in der Hand gehabt, aber gerade unsere Schreibtischhelden müssen ihre physische Männlichkeit ganz besonders betonen, und so schüppt sich der Mann eben im Kalender Zeit für eine Verabredung frei: »Okiedoke, ich schaufel mir den Termin frei. Cheerio!« Wenn er jetzt noch »Bingo!« sagte, die Rolle der Angeberlallbacke wäre perfekt besetzt.

Mächtig etwas hermachen will diese Sprache, in der Beruf und Freizeit ineinandergleiten. Bedeutsam und locker, ganz, ganz locker will das sein, geradezu zwangslocker. Das tut lässig und souverän, suggeriert Überlegenheit und ist doch den scheußlichsten Moden unterworfen. Alles klingt wie Reklame: »Wir machen den Weg frei«, »Das ist auf einem guten Wege«, »Wir haben das im Griff«. Genau: Die Sprache steckt im Würgegriff von Leuten, die sich als handelnde, bestimmende Subjekte inszenieren. Gepflegt wird ein weichgespülter Betuttelungs- und Bekochlöffelungsjargon, eine Art Wellness-Sprache, die sich genauso inflationär verbreitet wie das Wort »Wellness« selbst.

Längst bietet ein Marmeladenhersteller »Wellness aufs Brot« an, ein Schuhfabrikant zieht nach und offeriert »Wellness für die Füße«, ein Hotel auf dem erzgebirgischen Fichtelberg, in dem niemand nennenswert der englischen Sprache mächtig ist, wirbt mit einer »Wellness-Oase«.

Sauna, Dampfbad und Schwimmbecken wären zutreffender, aber zur »Wellness-Oase« aufgedunsen und aufgechict kann man die Sache teurer verkaufen. Dass der Whirlpool auf

Deutsch ebenfalls Whirlpool heißt, ist eine Petitesse – aber auch sie ist der Phantasielosigkeit derjenigen geschuldet, die keine Freude am Spiel und an der Bereicherung der Sprache empfinden. Ich schlage als Übersetzung für Whirlpool übergangsweise Wirbelstrudelblubberbrausebecken vor.

Sprachkritik, die nur recht haben will, ist uninteressant. Das gleichermaßen mäkelige wie auftrumpfende Einteilen in richtig und falsch mag die Ambitionen von professionellen Rotstiften oder Amateurdeutschlehrern befriedigen. Das ist piesepömpelig und kleinlich, ärmlich und latent peinlich. Man soll kein Rechthaber der Sprache sein, sondern ihr Liebhaber. Und also das unverbindliche und hässliche Vokabular meiden und das schöne, bildhaft sprechende, treffende suchen oder erfinden.

Es gilt, wach zu sein beim Senden und Empfangen. Der Fernsehsender 3sat preist seine Berichterstattung zu den Berliner Filmfestspielen mit den Worten »bärenstarkes Kino« an und wiederholt diese unoriginelle, aufdringliche Verweigerung einer Idee immerzu – »bärenstarkes Kino«, denn, Holzauge, Kino aus Berlin ist per se und vollautomatisch immer »bärenstarkes Kino«.

Sprache ist ein scharfes Instrument, wer nicht aufpasst, schneidet sich ins eigene Fleisch. Bei einem Aufenthalt in Norditalien klingelte mein Telefon; ein Kollege, der in Berlin gleich um die Ecke wohnt, wollte sich mit mir flink zum Kaffeetrinken verabreden. Anstatt zu sagen, »ich bin gerade nicht in der Stadt« oder etwas Ähnliches, ließ ich mich vom Prahlteufel reiten und sagte zwar wahrheitsgemäß, aber ganz unnötig: »Ich bin gerade im Piemont.« Kleine Eitelkeiten bestraft das Leben sofort. Der Kollege fragte ungerührt: »Und was machst du in Bad Pyrmont?« Federleicht, so wie es sich gehört, kam dieser treffsichere Hieb durch die Leitung. Hut ab, Herr Kollege, so macht man das.

Wenn Bären zu sehr Bruno heißen

Vom Teddy zur Bestie zum Tod
Chronik einer öffentlichen Entniedlichung

EIN IM GRENZGEBIET zwischen Österreich und Bayern umherziehender Braunbär entwickelte sich im Frühsommer 2006 zu einem medialen Dauerbrenner. Das Tier, getauft als »JJ1« und der erste in Deutschland gesichtete Bär seit Ewigkeiten, bekam den nach Kinderbuch klingenden Knuffignamen *Bruno* verpasst. Dieser *Bruno* aber benahm sich nicht so, wie es die Kitschwelt vorschreibt. Infamerweise lag er des Abends nicht Halma spielend mit Lamm und Reh und Zicklein friedlich beieinander, sondern zog seiner Wege, missachtete in Unkenntnis von Erfindungen wie Landes- und Zollgrenzen menschliche Gesetze und stillte, wenn es nötig war, seinen Hunger. Das kostete einige Schafe das Leben. Einem Bären kann man das nicht anlasten. Es ist seine Art, sich auch von Schafen zu ernähren, wenn er sie bekommen kann.

Der Ton, in dem über *Bruno* gesprochen wurde, änderte sich rasch. Nach der anfänglichen sentimentalen Sympathie für ihn, die auf einem vermenschelten Teddybärenbild beruhte, wurde er bald zur Gefahr stilisiert, die durch illegalen Fleischverzehr den Profit und durch unkontrollierbare Anwesenheit den Menschen selbst bedrohe. Panik und Hysterie kommen medial immer gut, und so hieß es Mitte Juni, der Braunbär solle »möglichst lebend gestellt werden«. Aus welchem Film war das: »möglichst lebend gestellt«? Lief nach »M – eine Stadt sucht einen Mörder« nun »B – alle Bayern jagen einen Bären«? Ist ein Bär ein Mensch, ein Täter und Verbrecher, der »gestellt« werden kann?

Es sieht ganz so aus. Das dem Bären juristisch zur Last

gelegte Delikt war seine Bärennatur, der er folgte, auch zum Nachteil von Tieren, die weniger frei und wild leben als er. Wäre er gerichtlich belangbar gewesen, etwas anderes als Mundraub hätte ihm niemand anhängen können. Was soll ein Bär machen? Heilfasten, damit man ihn süß und kuschelig findet? Sich vegetarisch ernähren und dann enden wie Paul McCartney? Der Bär ist als Allesfresser nicht nur eine Honigpfote; zu seiner ausgewogenen Ernährung gehört auch frisches Fleisch. Dieses bietet ihm das Schaf, das zum armen Opfer des Bären verklärt wird. So konnte *Bruno* zum personifizierten Bösen aufgebauscht werden, zur blutrünstigen Bestie – die also, aus ethischen Gründen quasi, gejagt, gestellt und erlegt werden musste.

Schafe sind wollige, furchtsame Blökies; manchmal aber singen sie geradezu magisch schön im Chor und erzeugen, wenn sie über die Weiden getrieben werden, schreitend und Gras rupfend auch rhythmisch faszinierende Geräusche. Deutsche Rumpelkapellen wie Tomte, Wir sind Silber oder Julimond könnten von Schafen also noch alles lernen, wenn sie denn das Talent dazu hätten. Allzu oft aber ist es das Domestikenlos des Schafes, der katholischen Kirche als Quell eines Menschenbildes zu dienen, das von nicht wenigen Menschen begeistert bestätigt wird: Mähend und bähend stehen sie auf der Weide herum, köddeln alles voll, tragen ihre Haut zu Markte und liefern den ihnen Vorgesetzten brav und pünktlich ab, was sie an Nutz- und Gewinnbringendem zu bieten haben.

Wenn ein Bär ein Delinquent ist, was sind dann die mit Chappi gedungenen Hilfs- und Hetztruppen, die man auf ihn ansetzte? Wie ein SEK-Kommando wurden finnische Elchhunde nach Bayern eingeflogen, um den Bären aufzuspüren. Wenn also Köter Söldner sind – sind dann Soldaten auch Köter? Die hündischen finnischen Brunojäger, denen der Bär nicht das Geringste zuleide tat, waren Überläufer. Durch Domestizierung wird der Hund zum Charakterschwein. Genau deshalb wird er auch »der beste Freund des Menschen« genannt.

Was stand sonst noch auf der Liste der Bärenvergehen? Entging er nicht arglistig und undankbar einer eigens für ihn importierten amerikanischen Spezialfalle? Streifte er nicht den Rückspiegel eines Autofahrers und versetzte so Familie Kasko in Existenzangst? Zerbrach er nicht auch einen Weidezaun? Sodass anschließend Kühe muhend umherliefen? Schlimm! Sogar Touristen soll der dadurch vollends wieder entniedlichte *Bruno* – huch! – erschreckt haben. Schluss mit knuffig!, hieß es anschließend entschieden. Gehört aber denn das charmant beiläufige und nie verbissen professionell betriebene Verscheuchen von aufdringlichen Nasen aller Art nicht zum guten Ton? Das legendäre Bühnentrio »Die Drei Tornados« kannte jedenfalls den entscheidenden Unterschied zwischen Touristen und Terroristen: Terroristen haben Sympathisanten.

Es lief der Film »Der Bär, den sie Bruno nannten«. Weitere Anwürfe wurden laut: Wenn der Bär schon ein Schaf fressen will – kann er sich dann nicht eins kaufen? Zwar hat er nicht einmal ein Portemonnaie, geschweige denn eine Hosentasche dafür. Aber kann man nicht heute überall mühelos mit Kreditkarte zahlen, die laut Werbung überall hinpasst? Na also. Und putzt der Bär sich nach so einem Schaf eigentlich die Zähne? Nein? Dann ist er auch kein gutes Vorbild für unsere Kinder und muss aus Wappen und Büchern verbannt werden wie der stromernde Huckleberry Finn, der rauchende Lucky Luke oder der Spirituosen trinkende Käpt'n Haddock.

Überhaupt tat der Bär nichts von dem, was der ihm sittlich überlegene Mensch mit Leichtigkeit packt: Reklame für

Unterhosen machen, den Dispokredit und die Staffelmiete ersinnen und zwanghaft freitagnachmittags oder samstagvormittags den Rasen mähen. Der Bär weigerte sich hartnäckig, eine Plage zu sein. Das unterscheidet ihn von Mücken und Menschen.

Um ein Publikumsliebling zu bleiben, mangelte es *Bruno* vor allem an gewiefter Öffentlichkeitsarbeit, auch »Medienkompetenz« genannt. Er war einfach nicht kooperativ. Konnte er nicht in einer Talkshow alles einmal tüchtig durchsprechen? Oder sich ein Fußballtrikot anziehen, eine Fahne schwenken und balla-balla »Deutschland! Deutschland!« brummen? War das wirklich zu viel verlangt? Stattdessen ließ der Bär alle Jagd- und Fangspezialisten ziemlich alt aussehen und entwischte ihnen nach Belieben. Das verbitterte seine Häscher, die es doch nur gut mit ihm gemeint hatten.

Also wurden Elchhunde und Narkosegewehrschützen unehrenhaft entlassen. An ihre Stelle traten 1000 Jäger mit scharfer Munition. Der Bär wurde, wie das so heißt, »zum Abschuss freigegeben«. Das unbefugte Eindringen in den bayerisch-deutschen Kultur- und Rechtsraum hatte *Bruno*, wie mancher Asylsuchende vor ihm, todsicher zu bereuen. Am Morgen des 26. Juni 2006 wurde er im bayerischen Landkreis Miesbach von Jägern erschossen.

Teach me laughter, save my soul

Ein Besuch auf Helgoland zum 80. Geburtstag
des Kinderbuchdichters James Krüss

DEN FLUGHAFEN VON BÜSUM kann man schon mal überse-
hen, so groß ist der nicht. Es wäre aber schade drum, denn
der *Tower* von Büsum, der nicht viel mehr Platz einnimmt
als ein zweistöckiger Zeitungskiosk, beherbergt freundliche
Menschen. Der rundköpfige, entspannte Herr am Schalter,
bei dem man Flugscheine nach Helgoland kaufen kann, bietet einen Zehnerblock an. Fliegen auf Zehnerkarte, das ist
ja wie Sommer im Freibad.

An der Einfahrt zum niedlichen Flughafen hatte ein
Bauer gestanden und landwirtschaftliche Produkte angeboten: Kartoffeln, Gemüse und hausgemachte Fleisch- und
Wurstwaren, darunter auch eingelegtes Sauerfleisch. Er lädt
zum Probieren ein, es ist sehr gut. »Ja«, sagt er, »und macht
auch nicht dünn.«

Die Maschine aus Helgoland ist in Büsum gelandet,
kurz darauf fliegt sie retour, inselwärts. Das Flugzeug
hat, den Piloten mitgerechnet, Platz für zehn Menschen.
Etwas älter ist das kleine Transportmittel auch schon.
Flugängstliche können sich hier im Schockverfahren hei-
len: Wer in so eine Rumpelbüchse steigt, lässt die Angst
zurück. Die zweimotorige Propellermaschine macht ordentlich Geräusch, der Pilot ist völlig lässig, das Flugzeug
schaukelt sich auf 1000 Fuß hoch, die fünf Passagiere
kucken auf die unter ihnen kabbelig sich bewegende See,
sehen Sandbänke und sogar Seehunde und Robben. Nach
20 Minuten landet die Maschine auf der Helgoländer Düne, man fährt noch ein bisschen Kleinbus und Fähre, und

dann betritt man Helgoland, den Geburtsort des Dichters James Krüss.

Zu Krüss' 80. Geburtstag am 31. Mai 2006 lud seine Nichte, Kirsten Rickmers-Liebau, als Vertreterin der Krüss-Erben. Das üppige Werk des großen Humanisten und Kinderbuchschriftstellers Krüss soll neu entdeckt und geehrt werden. Schüler von James-Krüss-Schulen haben Aufführungen seiner Texte vorbereitet, Musiker und Sängerinnen Vertonungen seiner Gedichte einstudiert, Krüss-Illustratoren zeichnen live vor Publikum, Verleger und Freunde sind da, es gibt Lesungen in der kleinen Gemeindebücherei und im noch kleineren Helgoländer Standesamt, das in einer ehemaligen Hummerbude untergebracht ist. Es ist ein buntes Holzhäuschen, in dem die Hummerfangkörbe aufbewahrt wurden, als vor Helgoland noch nennenswerte Mengen Hummer gefangen wurden.

Hummer sind hier längst äußerst rar geworden, jetzt fängt man Taschenkrebse, deren Scheren, die Knieper = Kneifer, aus gutem Grund hart gepanzert sind: Sie enthalten köstliches Krebsfleisch. Die gastfreundliche Familie Rickmers-Liebau lädt die ganze Krüss-Feier-Gesellschaft ein, die Knieper werden im Licht der Dämmerung verzehrt, auf der Insel ist gerade Stromausfall. In seiner »Historie von der schönen Insel Helgoland« dichtete James Krüss: »Irgendwo ins grüne Meer / Hat ein Gott mit leichtem Pinsel, / Lächelnd, wie von ungefähr, / Einen Fleck getupft: Die Insel. // Und dann hat er, gut gelaunt, / Menschen diesem Fels gegeben / Und den Menschen zugeraunt: / Liebt die Welt und lebt das Leben!« Man beachte den Dativ: Nicht den Menschen gab Gott den Felsen Helgoland, sondern er gab, umgekehrt, diesem Felsen Menschen. Die Reihen- und Rangfolge ist damit klar.

Doch wer hört schon auf einen Dichter? Helgoland, statt als kleines Paradies betrachtet zu werden, wurde zweimal zur militärischen Festung ausgebaut, mit bösen Folgen für die Helgoländer: Bei Kriegsausbruch im August 1914 wurden sie zwangsevakuiert. Auch Hitler und seine Admiräle wollten von Helgoland aus die Deutsche Bucht strategisch kontrollieren. Der Größenwahn endete mit dem Bombardement am 18. April 1945; an diesem Tag hatten einige Helgoländer unter Anführung von Eäk Fink die Besatzung Helgolands überwältigen und die Insel den Alliierten kampflos übergeben wollen. Die Männer wurden verraten und in Cuxhaven exekutiert. Nach der Bombardierung mussten die Helgoländer ihre Insel verlassen. 1947 versuchte das britische Militär vergeblich, Helgoland mit dem »Big Bang« einfach wegzusprengen, und benutzte die Insel anschließend als Bombenabwurfübungsplatz. Erst 1952 kehrten die Helgoländer zurück.

Es wundert nicht, dass James Krüss, bei aller Leichtigkeit und Entspanntheit seiner Texte, zeit seines Lebens ein leidenschaftlicher Antimilitarist war. Der auch ein Mittel wusste gegen militärische Gemeinheit, das er in »Timm Thaler oder Das verkaufte Lachen« aufschrieb: »Teach me laughter, save my soul« – lehre mich Lachen, rette meine Seele.

Die Krüss-Feierlichkeiten enden mit einem langen bunten Abend in der Helgoländer Nordseehalle. Anderntags fährt wegen des stürmischen Wetters kein Schiff. Aber ein einmotoriges viersitziges Flugzeug fliegt, es ist noch viel lütter als der Zehnsitzer vom Hinflug. Pilot und Vertrauenerwecker ist ein blonder Friesenriese. Sicher landet er in Büsum. Als eine Passagierin sich für den so aufregenden Flug bedanken will, lächelt er und sagt: »Ich krieg mal 'nen Süßen.« Woraufhin die Frau ihm mit sichtlicher Freude einen Kuss auf die Wange drückt. Beim Abschied sehen wir im Tower einen rundköpfigen Herrn, der James Krüss ähnlich sieht. Er winkt freundlich.

Vom Muckefuck zur Schaumschlägerei

Aus der Welt der Kaffeerituale

LANGE BEVOR ICH MEINE ERSTE TASSE Kaffee trank, war ich gründlich vor diesem Getränk gewarnt worden. »C-a-f-f-e-e, trink nicht sovie-hiel Ca-haf-fee«, sangen wir in der Grundschule. Der kanonische Rundgesang lehrte, der »Türkentrank« mache, ganz wie es das Gesetz des Reimes verlangt, tüchtig »krank«. Zum Schluss mahnte das Lied sehr deutlich: »Sei doch kein Muselmann, der ihn nicht lassen kann!« Was ein Muselmann war, wusste ich überhaupt nicht, sang das Wort aber gern. Vielleicht hatte er etwas mit Pampelmusen zu tun? Die waren auch gerade ganz neu in mein Leben gerollt: Pampelmusen. War der geheimnisvolle Herr Muselmann ganz aus Musen zusammengepampelt? Und konnte er deshalb die Finger nicht vom Kaffee lassen? Es war alles höchst rätselhaft.

Bei der Großmutter väterlicherseits gab es sogenannten Kinderkaffee. Hierbei handelte es sich um Ersatzkaffee aus Gerste oder Malz. Dieser *Caro Kaffee* war ganz offensichtlich ein Überbleibsel aus schweren Jahren und schlechten Zeiten. Das Pulver wurde auch Muckefuck genannt, ich fand das Wort lustig, aber es war eher abschätzig gemeint. Mit nahezu ehrfürchtigem Timbre, gewissermaßen mit Ausrufungszeichen, wurden dagegen die Worte »echter Bohnenkaffee« ausgesprochen. Das war eine Kostbarkeit, die man sich nur selten leistete und gönnte. Bei der Großmutter mütterlicherseits durfte ich den schwarzen Sud mit viel Milch und Zucker probieren. Er duftete verlockend, der Reiz des Verbotenen tat das Seine zur Magie hinzu. Ich wurde aber nicht süchtig und bin bis heute kein Pampelmuselmann.

In unschöner Erinnerung geblieben sind mir spätere Kaffee-und-Kuchen-Rituale an Geburtstagen; da hatten ganz offenbar die Erwachsenen etwas nachzuholen. Die bloße Tatsache, dasitzen, mehrere Stücke Kuchen und Torte aufessen und dazu so viel Bohnenkaffee trinken zu können, wie man nur wollte, erfüllte die Tantenrudel mit sichtlicher Genugtuung. Der Kaffee-und-Kuchen-Terror war ein Wert an sich. Der Genuss bestand darin, sich ihn leisten zu können.

Der Kaffee selbst war scheußlich: vakuumisiertes Zeug, das einen sauren Geruch wie von Achselnässe verströmte. Dieses Malodeur blieb dem Getränk auch nach der Zubereitung voll erhalten; »Verwöhn-Aroma« hieß und heißt das in der Werbung. Aus der man lernt, dass Mühe allein nicht genügt: Ohne die von führenden Giftmischern zusammengepresste »Krönung« wird man den Gipfel der Abscheulichkeit niemals erfolgreich erklimmen.

Von »Filter-Frio-Verfahren« und dergleichen Halunkereien mehr war zu jener Zeit die Rede; getrunken wurde die Kaffeebrühe mit Kondensmilch, die in feineren Haushalten aus der Blechbüchse in ein Sahnekännchen umgefüllt wurde. Kondens war Konsens, im Reklamefernsehen wurde die Marke »Glücksklee« angepriesen, ein infantiles »Nichts geht über Bärenmarke, Bärenmarke zum Kaffee« abgesungen oder mit holländischem Akzent für »B & B«-Kondensmilch geworben: »Dröpche voor Dröpche Qualiteit.«

Da lag Flucht nahe. In alternativ sich empfindenden und gerierenden Milieus war Kaffee verpönt. Dort blieb der Dreck der Welt im Teesieb oder Teenetz hängen. Als gut galt, wer tiefer schürfte oder doch wenigstens schlürfte. Wer Tee trank, hatte Zeit, und der Gedankengang käme dann von ganz allein – man musste nur daran glauben und eintauchen in den Dampf der Suggestion. Die Verwertungsstrategen des

Konsumismus wurden auch im Teetrinkersektor zielgruppentherapeutisch tätig. »Father and Son« von Cat Stevens, eine zeitgenössische Kopfwacklerhymne, wurde für die Teewerbung umgetextet: »Wenn der Teekessel summt und der Gold-TeeFix duftet, hat man's gut, hat man's gut, ja dann hat man's wirklich gut, ja dann, dann hat man's gut …«

Mit Menschen, die fünfmal am Tag gedehnt »Willsten Tee?« oder, noch teeiger, »Magsten Tee« fragen, ist es nicht auszuhalten. Also gab es wieder Kaffee. Überall im Land prötterten Kaffeemaschinen den Filterkaffee durch, der dann stundenlang auf der Warmhaltekonsole simmerte, eindampfte und vor sich hin verbitterte, bis er vollends nach gegerbtem Leder schmeckte. Die Rettung kam aus Italien und hieß Espresso, von vielen Landsleuten Expresso genannt. Sie zogen auch die Variante mit Haube oder Kapuze vor – Cappuccino, also Caffè mit heißer oder aufgeschäumter Milch. Im deutschen Café wurde als Cappuccino allerdings Maschinenkaffee mit Sahne serviert, die manchmal geschlagen wurde, meist aber Sprühkunststoff aus der Flasche und weit besser zum Rasieren geeignet oder als Dichtungsmasse beim Fenstereinbau zu verwenden war.

In italienischen Eiscafés oder Restaurants dagegen standen gewaltige Espressomaschinen, schimmernde, gewienerte, liebevoll geblitzblankte Monster, fauchend und dampfend wie der Drache Smaug und so groß und so kostspielig wie ein Kleinwagen. Aus diesen Getümen kam das schwarze Destillat, das zum Wachwerden, Wachbleiben oder zum Abschluss einer Mahlzeit zu sich genommen wird, also eigentlich immer. Endlich war die Kaffeezivilisation in Deutschland angekommen.

Und ist, weil ungeliebt, auch gleich schon wieder weg. Schaum heißt der Schaum der Tage, es gibt nichts, das nicht aufgeschäumt würde in den Küchen des Landes. Jägersoßencappuccino? Bitte sehr, und auch der Kaffee wird in macchiatisierter Form zu sich genommen, aufgeschäumt, fluffig und gehaltfrei wie die Gehirne der Menschen vom Stamme Macchiatio.

Die Duzbuden, in denen die Macchiaten hocken oder ihren »Coffee to go« bestellen, also Kaffee zum Davonlaufen, sind hochliterarisch benannt, nach Honoré de Balzac oder nach Starbuck, einer Figur aus Herman Melvilles »Moby Dick«. Der eigene literarische Ausstoß der Kaffeehöker ist eher esoterischer Sondermüll, abgefasst in aufgeschäumter Sprache:

»Willkommen im Starbucks Coffee House! Ein ganz besonderer Ort – speziell für Sie. Viele Menschen kommen in ein Starbucks Coffee House, um den besten Kaffee der Welt zu genießen. Andere kommen, um nachzudenken, mit Freunden zu plaudern, Musik zu hören oder um an lokalen, sozialen Projekten teilzunehmen. Das sind nur einige von tausend Gründen, warum Menschen ein Starbucks Coffee House besuchen. (…) Mehr als 117000 Menschen arbeiten für Starbucks. Diese Menschen – unsere Partner – sind die Grundlage unseres Erfolges. Und gerade weil wir ihrem Einsatz und ihrer Leidenschaft so viel verdanken, ist es für uns besonders wichtig, ihnen zu zeigen, wie sehr wir sie schätzen und respektieren. Daher befassen sich die ersten zwei Prinzipien unseres *Mission Statements* mit unserer Verantwortung gegenüber unseren Partnern. Wir schaffen uns ein großartiges Arbeitsumfeld und behandeln uns mit Respekt und Würde. Wir sehen Vielfalt als wesentlichen Bestandteil der Art und Weise, wie wir unser Geschäft betreiben.«

Rundum dufte ist die Starbucks-*Mission-Statement*-Welt: alles wird angepartnert, alles ist großartig. Genauer nennt man das so altmodisch wie zutreffend Kapitalismus und Ausbeutung. Die weichgebrabbelten Kaffeekonsumenten aber sitzen in der Schaumgummizelle, zeigen Milde-Sorte-Gesichter vor und rufen immerzu den eigenen Namen: »Macchiato! Macchiato!« Oder, weil sie nicht einmal ihren eigenen Namen richtig aussprechen können: »Matschiato! Matschiato!« Haben die noch alle auf der Latte? Die Warnung »C-a-f-f-e-e, trink nicht sovie-hiel Ca-haf-fee« befolgen sie jedenfalls ganz brav: Macchiaten trinken nicht Kaffee, sie löffeln Schaum.

1 Couplet mit Obduktion

Ich liebe dich, ob du weinst oder lachst,
Ob du ktion schläfst, oder ob du noch wachst.

Meer und Rettich

(Leise nach dem Sushi zu summen)

Aus tosendem weißem Meer rett ich
Dich, meine schöne Gabi.

Doch was nimmst du ängstlich, ja panisch
So grüne Farbe jetzt an?

O Gabi! Sake: Wasabi
Dir denn nur angetan?

Bhumipol und Gummitwist

ZUR PARLAMENTARISCHEN DEMOKRATIE gehört die Trennung von Regierung und Repräsentation; für Letztere ist hierzulande der Bundespräsident zuständig. Er muss Hände schütteln und die daran hängenden Menschen mit Namen erkennen und ansprechen können. Das ist schwer, ich könnte das nicht. Auch der zur Schau getragene präsidiale Gesichtsausdruck, der nahelegen soll, es vollziehe sich Bedeutsames, Würdiges oder doch wenigstens Erwähnenswertes, erfordert ein respektabel hohes Maß an Selbstdisziplin.

Ein Bundespräsident, so er kein Kretin wäre, vergäße allerdings nicht, dass er rein ornamentalen Zwecken dient. Um nicht der Peinlichkeit anheimzufallen, ließe er gelegentlich dezent durchblicken, dass er schon wüsste, an welcher Farce er Anteil hat. Nicht so Präsident Horst Köhler. Ins Amt gehievt, weil die CDU so gar keinen anderen Kandidaten hatte, nutzt der Mann jede Gelegenheit, sich öffentlich zu spreizen. Ehrgeizig und mit überagiler, pfadfinderhafter Angestrengtheit »bringt er sich ein«, wie man das nennt, »engagiert sich«, mahnt an, ruft auf – kurz: Er macht sich rund um die Uhr wichtig. Dabei ist Köhler von einer erstaunlichen naturbelassen beschränkten Begeisterung über die Bedeutung, die er sich selbst beimisst.

Irgendetwas rattert ihm eben immer durch seinen Kopf, und prompt verströmt er es salbungsvoll in die Welt. Für »Religionsunterricht« macht er sich stark und wirft sich für »Islam-Unterricht in deutscher Sprache« ins Breschholz. Man hört's im Radio und möchte vergehen vor so viel Bedeutungsheischerei. Die Empfehlung, vor der islamischen

Variante des Gläubischseins zu kapitulieren, paart Köhler mit dem Wunsch, den Restverstand, also das Mittel gegen religiöse Gehirnverbreiung, zugunsten von schulisch verabreichtem Glaubensgedöns fortzuwerfen. Dafür wird Köhler in den Feuilletons als »Querdenker« gefeiert – wer dieses Wort begeistert benutzt, ahnt nicht, wie beleidigend das ist: Querdenker. Schenkte man den deutschen Feuilletons Glauben, die Restanarchie im Lande läge in den Händen von Horst Köhler und Christof Schlingensief. Und da läge sie ja auch gut begraben.

Von Luschen regiert und von einem Zudringling repräsentiert werden ist deutsches Leben. Ich wandte mich ab – als der Radioapparat unverhofft Schönes sendete: »... der thailändische König Bhumipol sprach der Armee das Vertrauen aus«, hörte ich den Nachrichtensprecher sagen. Wie entzückend: König Bhumipol! Was für ein Name! Bhumipol, o ja, Bhumipol! Bei König Bhumipols Armee konnte es sich nur um eine aus der Augsburger Puppenkiste handeln: Blechbüchsenarmee, roll, roll, roll!

Globalisierung, richtig aufgefasst, kann auch Spaß machen: Warum Horst Köhler ertragen, wenn man König Bhumipol haben kann?

Köhler, Köhler,
Öder Nöler:
Außen Gummi, innen hohl. –
Ich will König Bhumipol!

Bhumipol ist mein Mann. Seit Zoppo Trump und Ivar Buterfas hat kein öffentlicher Mensch allein kraft seines Namens mir so ans Herz gefasst. Singen will ich zum Lobe König Bhumipols:

Es fühlt sich König Bhumipol
Im Bett nur ohne Gummi wohl.
Gern isst der König Bhumipol
Den Riesenschirmling Parasol,
Und Weiß- und Rot- und, glaubst du wohl,
Spitz-, Rosen-, Grün- und Blumenkohl.
Dann trinkt er etwas Alkohol.
Und schläft. Der König Bhumipol.
So sorgt für sein und aller Wohl
Der Gummikönig Bhumipol.

Das ist genau die gute Nachrede, wie ein Mann mit dem schönen Namen König Bhumipol sie verdient. So wahr ich Kalle Wirsch heiße.

O je, o je, sie bringt es nicht,
o weh, o weh, die Unterschicht

Erwin aus der Unterschicht
liebt die Oberklasse nicht.
Doch vom Chef die Tochter
sah er gern und mocht er

Wenn unsere tollklasse gebildeten, überaus feingeist- und feinwaschmitteligen und tiptop hochkulturellen Mittel- und Oberschichtler diesen Vierzeiler namens »Erwin« von F. W. Bernstein gelesen hätten, eine weitere nutzlose, aufgesetzte Feuilleton-Debatte wäre der Welt erspart geblieben. Weil aber der Berufsdebatteur als solcher gar nichts zu wissen braucht, um konjunkturell mitquakeln zu können, musste man sich das Geningel um die furchtbar kulturlose, üble und quasi aus Gammelmenschen zusammengetackerte Unterschicht auch noch anhören.

Was soll das Gezeter, wovon lenkt es ab? Dass Menschen, die ihre Kinder Kevin nennen, mit ihnen nichts Gutes vorhaben, liegt auf der Hand, das ist im Namen mit drin. Kevin heißen müssen bedeutet: Dich liebt keiner, deine Eltern jedenfalls lieben dich nicht. Das ist unschön, aber völlig offensichtlich und muss also nicht debattiert werden. Der grassierende Kevinismus (beziehungsweise Marvin- und Justinismus) könnte leicht standesbeamtlich durch ein generelles Verbot von Produkt- und Markennamen für Kinder unterbunden werden. No Xavier, no Cry.

Es gibt durchaus ein reales Unterschichtproblem: die längst abgesackten, verwrackten Reste von Ober- und Mittelbau. Der Fisch stinkt nun mal vom Kopfe. Petra Gerster c/o ZDF kündigt die Verleihung des Deutschen Fernseh-preises an und honigkuchelt grienend einen vom Pferd na-mens »Qualitätsfernsehn«. Als »bester Fernsehfilm« wird der durchhaltedeutsche Schmachtfetzen »Dresden« ausge-zeichnet. Wer bei solchen Produktionen und Laudatien mit-mischt, möge seine Beschwerden über Unterschicht und Unterschichtfernsehn bitte für sich behalten.

Auch die Gala-Veranstaltung »50 Jahre Bravo« zeigte, dass gegen die krebsartig wuchernde Medialunterschicht die gute alte »Aktion Sühnezeichen« nicht mehr greift. Ein stark behandlungsbedürftiger Junge namens Bill, Angestell-ter einer Krankheit namens Tokio Hotel, drückte die ihm aufgezwungene Mischung aus Pubertätseiter und Jugend-greisenhaftigkeit in Kameras und Mikrophone: »Ich fand Nena immer komplett geil.« Die komplett schlichte Sänge-rin nahm ihn dafür in den Arm und küsste ihn. Gegen bei-de und alle, die Derartiges mögen, hülfe, wenn überhaupt, nur die Aktion Schürhaken. Dass der branchengefeierte Tim Renner den Cockerspaniel Nena in der *Zeit* allen Ernstes als Bundeskanzlerin vorschlug, sagt alles über die Selbstbe-weihräucherungsvokabeln Qualitätsjournalismus und Qua-litätszeitung.

Womit man ganz unten gelandet ist, bei Gerhard Schrö-der auf dem Titelbild des *Spiegel* in der 43. Kalenderwoche 2006. Was war das? Vollgummi? Leder? Gesicht geworde-ne Charakteraufweichung? Letzteres setzte voraus, dass je-mals ein Charakter vorhanden gewesen wäre. Was Gerhard Schröder als Gesicht trägt, habe ich als Jugendlicher beim Schlagballwerfen gut 40 Meter weit weggeschmissen. 4000 Kilometer wären eine weit angenehmere Entfernung von dieser putinistischen Gestalt, die alles verkörpert, was an

Unterschicht und Aufsteigerei abstoßend war und ist. Nähme Gerhard Schröder noch die Plage Michael Schumacher mit in die Pipeline zur ewigen Ruh, das Proleten- und Unterschichtsgewürge hätte zumindest Pause – bis zur nächsten Sendung mit Kerner.

So viele Mollakkorde da draußen

Josh Ritters »The Animal Years«

Es gibt gute Nachrichten aus Moskau – allerdings handelt es sich dabei um die Stadt Moscow im US-Bundesstaat Idaho. Hier wurde am 27. Oktober 1978 Josh Ritter geboren. Der Sohn eines Neurologieprofessorenehepaars spielte als Kind Violine, erlebte seine musikalische Initiation aber erst im Alter von 17 Jahren, als er die Musik von Bob Dylan und Johnny Cash entdeckte. Seine erste eigene CD veröffentlichte er 1999 unter dem Titel »Josh Ritter«, auf eigene Faust und eigene Kappe; jeweils zwei Jahre später folgten die Alben »Golden Age of Radio« und »Hello Starling«.

Schritt für Schritt erarbeitete sich Josh Ritter den Ruf als außergewöhnlich großes Talent im Reich jener Damen und Herren, die der Welt nur mit sich, ihren Wörtern und ihrer Musik entgegentreten – um sie sich begreiflich und zu eigen zu machen, und ihr, wenn es gelingt, etwas von der Schönheit und Klarheit zurückzugeben, die sie neben anderem ja auch großzügig verströmt. Dass die Welt ein Ort größtmöglicher Wunder und gleichzeitig vollständig zum Abgewöhnen ist – dieser Widerspruch hat schon manche empfindungsfähige Seele zerschreddert. Das Medikament dagegen heißt Liebe. Man kann auch Poesie und Musik dazu sagen.

Mit seinem vierten Album »The Animal Years«, erschienen im März 2006, greift Josh Ritter hoch. Seine Vorbilder, zu denen außer Dylan und Cash hörbar auch Nick Drake, Neil Young, der junge Bruce Springsteen und Lloyd Cole gehören, hat Ritter sich einverleibt und zeigt in den elf Liedern eine große Bandbreite lyrischer und musikalischer Möglichkeiten. Mit dem ersten Stück, »Girl in the War«, steigt er gleich groß ein: Im Zwiegespräch zwischen den Aposteln Peter & Paul heißt es lakonisch: »But now talking to God is Laurel begging Hardy for a gun.« Mit Gott sprechen ist, als ob Stan Laurel ausgerechnet Oliver Hardy um eine Knarre anflehte? Ein stimmigeres, komischeres und eigensinnigeres Bild für vollständige Vergeblichkeit habe ich lange nicht vor mir gesehen. Auch über Macht weiß Ritter Bescheid: »The keys to the Kingdom got lost inside the Kingdom.« Es hilft also nichts, auf die Dämlacks zu vertrauen, die innerhalb des Reiches sitzen.

Josh Ritter hat nicht nur seinen musikalischen Idolen gut zugehört und sie wohldosiert in sein eigenes Universum eingespeist. Auch eine der wahrhaftesten, tiefsten Zeilen von Joachim Ringelnatz ist ihm zumindest intuitiv bekannt: »Alles, was lange währt, / Ist leise.« Ritters Poesie verzichtet auf schweres Geschütz, er malt seine Bilder behutsam und zart, ohne jemals den Kern der Sache zu verfehlen. In »One more Mouth« beschreibt er eine spröde Geliebte: »You treat every hungry kiss like one more mouth to feed.« Musik und Stimme sind dabei zum Erschrecken filigran.

Zum Glück für Ritter und seine Hörer aber ist Zerbrechlichkeit nicht sein alleiniges Stil- und Ausdrucksmittel; ein ungebremster Enthusiasmus, wie man ihn von Mike Scott und den frühen Waterboys kennt, ist Ritter ebenso zu eigen. Die Vielfalt seiner Möglichkeiten macht einen Teil seines Reichtums aus; die Unterschiedlichkeit der Kompositionen wirkt nicht unentschieden, sondern zeigt im Gegenteil, ohne jede technische Musiker-Angeberei, was der Mann alles sieht, fühlt, hört und in zeitlos schöne Songs verwandelt. Wenn Ritter »so many minor chords out there« moniert, so viele menschliche Mollakkorde da draußen, weiß er, wovon er singt, ohne Teil der Flennsuserei zu werden.

In Irland ist Josh Ritter spätestens seit »Hello Starling« ein vielgehörter Sänger – mit »The Animal Years« dürfen ihn auch die Deutschen für sich entdecken, zum Beispiel mit diesen Zeilen aus dem Song »Wolves«: »Your face was simple, your hands were naked / I was singing without knowing the words.« Die Trommelstöcke fegen über die Schlagzeugfelle wie die Pfoten jagender Wölfe über den gefrorenen Schnee, die Orgel treibt sie alle voran, auch den eben nicht jaulenden, sondern singenden Wolf namens Josh Ritter. Singen, ohne die Wörter zu kennen: Der Mann weiß, was das ist und wie man das macht.

Der Herr Herdieckerhoff

Eine Bach-Kantate

Als Lese- und Konzertreisender lernt man naturgemäß
jede Menge Veranstalter kennen. Es gibt unter ihnen erstaunlich viele gute; Menschen, die inspiriert, liebevoll, großzügig
und mit Lust ihre Arbeit tun, auf dass man auf der Bühne
ebenso agieren kann. Einer der geistreichsten, lustigsten,
gastfreundlichsten und klügsten Impresarios war Jochen
Herdieckerhoff. Ich lernte ihn kennen, als er mich einlud,
das rheinische Langenfeld, ein deutsches Kaff in der Brache
zwischen Düsseldorf und Köln, aufmischen zu helfen und
bei den Langenfelder »Tagen des schlechten Geschmack's« –
der falsche Apostroph war selbstverständlich Absicht – dabei zu sein. Ich tat es gern. Auch Matthias Deutschmann,
Harry Rowohlt und Christoph Schlingensief waren dabei,
groß war das Alarmgeschrei der lokalen politischen Angst-
hasen, die u. a. mich als, wie sie schäumten, »RAF-Sympa-
thisanten« dingfest machen und ausgeladen haben wollten;
größer jedoch war die Freude des Publikums.

Herr Herdieckerhoff frohlockte – und importierte sogleich die »Wiener Festwochen« nach Langenfeld. Weil sowohl in Nordrhein-Westfalen als auch in Österreich Wahlen
stattfanden, ließ er zwischen die einheimischen Wahlplakate
auch österreichische hängen. Die Langenfelder konnten auf
einmal zwischen SPD, SPÖ, FDP, FPÖ, CDU, ÖVP und sogar
KPÖ entscheiden – und wussten, vollkommen überfordert,
überhaupt nicht mehr, wie ihnen geschah. Das fanden sie
nicht lustig und ließen ihren Mangel an Humor kleinlich an
Jochen Herdieckerhoff aus.

Der zog nach Wien, in die Stadt, die er liebte. Er orga-

nisierte und veranstaltete – und das als Hete! (für die Rest-
nichteingeweihten unter uns: als Heterosexueller) – das
»Wien ist andersrum«-Festival, outete handkehrum in der
taz den Neo-Ultra-Rechten Jörg Haider als homosexuell
und legte sich in der intriganzgesättigten Spinnwebenstadt
Wien mit allem an, was nicht bei dreitausend auf dem Baum
war.

Zuletzt sah ich ihn, nachdem ich seine Einladung an-
genommen hatte, eine Ausstellung des *Titanic*- und *FAZ*-
Zeichners Achim Greser zu eröffnen. Es handelte sich um
Gresers Zyklus »Der Führer privat« – um Bilder, die Hitler
als das Würstchen zeigen, das er war und als das er massenhaft geliebt wurde, weil Versager naturgemäß Versager
lieben, sogar bis zur Vergasung, wenn die nur andere trifft.
»Hitler's coming home« nannte Jochen Herdieckerhoff die
Ausstellung. Wir fanden das lustig, die Wiener *Krone*, die
rechtsextreme *Neue Kronen Zeitung*, war nicht amüsiert.

Mit Wolf Martin, dem Kolumnisten des Massenschrott-
blattes, setzte Jochen Herdieckerhoff mich auf eine Wiener
Bühne. Wolf Martin dichtet, wie Hitler malte: »Europas
Zukunft wird vermasselt / der Euro in die Tiefe rasselt. /
Die echten Werte gehn in Scherben. / Das Abendland – liegt
es im Sterben?« Aus Silberhochzeitsanlässen wurde von
Amateuren kaum lausiger gereimt. Gedichte in Grass und
Scheiße meißeln ist sein Genre. »Arme Schwarze« heißt
ein weiteres Teil, voilà: »Der Schwarze Kontinent ist reich, /
nur Fleiß und Disziplin fehlt euch! / Europa hat's aus eig-
ner Kraft / und nicht durch Bettelei geschafft!« Diesen Wolf
Martin lederte ich, befeuert von Jochen Herdieckerhoff, mit
Vergnügen ab. Danach sah ich Jochen nicht wieder.

Am 6. Juni 2006 bekam ich eine Elektropost, deren Be-
treff »Parte Jochen Herdieckerhoff« lautete:

Schlummert ein, ihr matten Augen
fallet sanft und selig zu!
Welt, ich bleibe nicht mehr hier,
hab ich doch kein Teil an dir,
das der Seele könnte taugen.
Hier muss ich das Elend bauen,
aber dort, dort werd ich schauen
süßen Frieden, stille Ruh.

BWV 82, Ich habe genug

Unter der Bach-Kantate »Ich habe genug« (BWV 82 heißt
Bach-Werke-Verzeichnis 82) stand zu lesen:

Werte Herrschaften!

Hiermit zeige ich an, dass ich mit dem heutigen Datum
einen aus meiner Sicht überfälligen Schritt vollzogen und
meinem Leben aus freien Stücken ein Ende gesetzt habe.
So mir das Schicksal nicht einmal mehr Spielverderber war,
habe ich mich nächst der Wiener Berggasse 19 von einem
Baugerüst gestürzt. Ich bitte um Verständnis für diese finale
Pointe, die ich mir gleichwohl so wenig verkneifen konnte,
wie ich diese auf Dauer unerquickliche Existenz hätte fort-
setzen wollen.

Leben Sie wohl!
gez. Jochen Herdieckerhoff
Wien, 1. Juni 2006

Harry Rowohlt schrieb in der *Zeit*: »Einer meiner allerbesten Freunde, Jochen Herdieckerhoff, hat sich, was ich
ihm persönlich sehr übelnehme, umgebracht. Wie so ein
Born an Kreativität und guter Laune insgeheim tieftraurig
sein kann –, das bleibt sein Geheimnis und das so vieler
anderer Hoch- und Sonderbegabter, die uns olle Muff-

köppe so lange aufmöbeln, bis es für sie selbst nicht mehr reicht.«

Es gibt so viele Menschen, deren Leben und Tod einem vollständig gleichgültig sind. Jochen Herdieckerhoff gehörte und gehört nicht dazu. Ich wünsche ihm, was er sich wünschte.

Leipzig: Mercedes Bach und Russentussen

Der 28. Juli 2007 war der 257. Todestag von Johann Sebastian Bach. In Leipzig, das sich gern und stolz »Bach-Stadt« nennt, wurde das Jubiläum im Rahmen des MDR-Musiksommers mit einem Konzert in der Thomaskirche begangen. Zu hören gab es Werke von Bach und Buxtehude, der Bachs Lehrer und Vorbild in Lübeck war. Bach, der wusste, dass Buxtehude die Stellung nur bekommen hatte, weil er die Tochter seines Vorgängers ehelichte, fürchtete vermutlich ein ähnliches Schicksal, riss vorsichtshalber aus und nahm den Posten als Kantor in Leipzig an. Von Bachs Instinktsicherheit profitiert Leipzig bis heute.

Profit machen ist seit 1989 ohnehin das Hauptmenschenrecht in Leipzig. Kultur! Kultur!, brüllt es einem aus der Stadt entgegen; Kultur ist keine Frage der Lebensweise, sondern ein Wirtschaftsfaktor, ein Pfund, mit dem Sachsen wuchert, um Geld ins Land zu bekommen – dafür fiedelte der peinliche Leipziger Oberbürgermeister Wolfgang Tiefensee lange genug öffentlich auf dem Cello herum, bis er als Verkehrsminister fortgelobt wurde und zum Regierungsmitglied heraufsank.

Vor der Thomaskirche machten sich die Sponsoren Mercedes Benz und Rotkäppchen breit. Wer absahnen will, tut gut daran, seine noblen Absichten zu demonstrieren und die Kultur zu fördern, das kann man steuerlich absetzen, kostet also nur ein bisschen Aufwand, hebt den eigenen Status ungeheuer und schafft ein Kumpanei- und Korruptionsklima auf feintuerischem Niveau. Reich an Zahl waren junge Frauen und Männer in jener Grauzone beschäftigt, die zwischen *Servicekraft* und *Hostess* changiert. Ist das eine

Arbeit? Präsent sein, Lächeln anknipsen, »Was kann ich für Sie tun?« und »Noch ein Gläschen vielleicht?« säuseln und herumplinkern und -zwitschern? Man nennt es wohl eher Tätigkeit oder Beschäftigung. Von den rudelweise durch Leipzig stöckelnden neureichen Russentussen unterscheiden sich die im Kulturgeschäft arbeitenden Jungmenschen immerhin dadurch, dass sie weniger schwer eingedieselt sind und den vollprostituierten *Prada*-Abgeschmack verweigern.

Bach mag für das Leipziger Kulturestablishment zwar sein, was solche Leute »eine Marke« nennen; seiner Musik allerdings kann das wenig anhaben, zumal wenn man sie außerhalb des Gesellschaftsereignisses hört. Das lange ausverkaufte Konzert in der Thomaskirche wurde live vom Kulturradio MDR Figaro übertragen; wäre alles im Radio von dieser Qualität, dürften die Rundfunkgebühren gern dreimal so hoch sein. Bachs Musik ist ein ungeheures Kraftfeld, ein Lebensbejahungsmotor, sie dreht einem das Innerste auf links – als zöge sie einem die Seele wie einen falschherum getragenen Pullover über den Kopf, und wenn die Musik mit einem fertig ist, sitzt alles wieder richtig, ist geklärt und passt.

Nach dem Konzert las ich noch einmal, was Danny Dziuk mir über Bach geschrieben hatte, den er neben Bob Dylan und Miles Davis zu seinen drei musikalischen Hausheiligen zählt: »Bach zeigt auf eine nie wieder dagewesene Art die Schönheit von Mathematik, er hat das ausgeschöpft. Und gleichzeitig ist er religiös: als würde der Widerspruch zwischen Glaube und Wissenschaft nicht existieren. Es ist dieses Paradoxon, dass er einerseits wie kein anderer nach ihm die Prinzipien von Tonalität an ihre absoluten Grenzen treibt, auslotet und mit absoluter Strenge *zuende* denkt. (Danach kommt nur noch die Auflösung der Tonalität, also die klassische Moderne, ungefähr 150 Jahre später. Dagegen sind die Klassiker und Romantiker – erst recht Wagner – disziplinlose und unwissenschaftliche Schwärmer und Schwadroneure.) Andererseits jedoch scheint sich *gerade* die überirdisch ekstatische Schönheit mancher Melodien von Bach folgerichtig aus der Strenge seiner Methode abzuleiten, als würde er sagen: Je gewissenhafter ihr forscht, um so mehr wird sich am Ende herausstellen, wie wunderbar dieses Universum konstruiert ist. Danken wir also dem Konstrukteur. Es hat etwas Einsteinhaftes à la ›Gott würfelt nicht‹.«

Ich war beeindruckt, und ich war erfreut über die Verwandtschaft des Geistes. Musik und Literatur, jedenfalls wenn sie etwas taugen, sind eine Einheit aus Verstand und Intuition. Schreiben (oder Komponieren) ist Denken und Fühlen in einem, also Kopf *und* Herz oder eben Arithmetik *und* Hingabe; es braucht beides in einem schönen Ebenmaße, um die Welt zu durchdringen und ihr Form und Ausdruck zu verleihen. Mit nur einem von beiden kommt man nicht weit. Fehlt das wärmende Feuer des Gefühls, wird es spitzfindig und fischig; ist das Korrektiv eines klaren, kühlen Verstandes nicht vorhanden, wird es soßig und man versinkt im Kitsch.

Dass man mit Wagner in Bayreuth die Kulturschickeria bedient, leuchtet ein, Wagners Pop-und-Pomp-Gedröhn gibt das her. Dass man aus Bach aber Mercedes Bach zu machen versucht, liegt nicht in Bach und seiner Musik begründet. Das schaffen die Leipziger seit 1989 ganz allein.

Pfefferminz mit Sibiriengeschmack

DER 13. AUGUST IST BILLY-WILDER-TAG: Man muss »Eins, Zwei, Drei« kucken. Die tragenden Säulen des deutschen Humors heißen »Lachen ist gesund«, »Spaß muss sein« und »Hier hört der Spaß auf«. Dieses dunstige, morastige Terrain gilt es unbedingt zu meiden. Besser lernt man bei den aus Deutschland entronnenen Komödienmeistern Ernst Lubitsch und Billy Wilder, dass nichts ist, was zu sein es scheint, schon gar nicht das sogenannte Gute.

Als Billy Wilder 1961 seine rasante Komödie »Eins, Zwei, Drei« drehte, war das Brandenburger Tor noch offen. Als aber der Film in die Kinos kam, war die Berliner Mauer frisch errichtet. Das deutsche Publikum tat, wozu es fähig ist, wenn es mit Humor, also mit heucheleifreier, rücksichtsloser Klarsicht konfrontiert wird: Es nahm übel. Der Film verschwand und kam erst 24 Jahre später wieder ins Kino. So lange dauerte es, bis Deutsche bereit waren, die komischen Aspekte ihres Nationalgeteiltseins überhaupt wahrzunehmen. Allerdings blieb die Ernstnehmerfraktion, die in der Existenz zweier deutscher Staaten ausschließlich eine Tragödie und eine Katastrophe sehen wollte, stets in der Mehrheit.

»Eins, Zwei, Drei« beginnt mit einer Einordnung der historischen Bedeutung dessen, was in Westdeutschland als Schandnabel des Universums galt. Die Welt aber ist erheblich größer: Am 13. August 1961 fand in Washington ein Baseballspiel der *Yankees* gegen die *Senators* statt. D a s war ein Ereignis, aber doch nicht der kleine Mauerbau.

Auch nach geschätzten hundertmal Ankucken ist »Eins, Zwei, Drei« ein Geysir der hellen Freude und eine Lektion in Sachen Tempo, Timing und Dialogwitz. Was für ein Ideenreichtum, was für eine verschwenderische Liebe zum Detail – mit dem, was Billy Wilder hier an Einfällen verbriet, müssen unsere neuen gesamtdeutschen Komödien sonst locker 50 Jahre lang auskommen.

Billy Wilder bewahrt Haltung und schlägt sich keinem Lager zu; sein Film beleuchtet die Peinlichkeiten auf allen Seiten. Und davon gibt es, zur Freude des Betrachters, jede Menge. Ausnahmslos alle Hauptbeteiligten lügen und betrügen, um ihre Ziele zu erreichen; unsympathisch werden sie dadurch nicht. Die Welt ist ein Irrenhaus; wer sich darin behaupten will, muss das wissen und entsprechend handeln.

Die Ostdeutschen »marschieren, um gegen das Marschieren zu demonstrieren«, eine 17-jährige Amerikanerin in Westberlin urteilt: »Die Umstürzler können's am besten, gar kein Vergleich!« Ihre ältere Gastgeberin seufzt: »Und ich dachte, wir wären nur in der Raketentechnik zurück!« Der Gatte, Chef der Westberliner Filiale von Coca Cola, muss jeden Morgen seinen deutschen Angestellten das Gehorcheraufspringen untersagen und tut es so drastisch wie verzweifelt: »Sitzen machen!« Einen ständig die Hacken zusammenknallenden Untergebenen mit selbstverständlich abgestrittener Mitläufervergangenheit lässt Wilder dennoch den großen Satz sagen: »Die Herren Kommunisten sind eingetroffen.« Ein junger ostdeutscher Parteigänger rettet eine Amerikanerin vor der Verhaftung, weil sie »eine typisch bourgeoise Schmarotzerin« und »die verfaulte Frucht einer korrupten Zivilisation« sei. Die 17-Jährige aus Georgia ist hingerissen: »Natürlich habe ich mich gleich in ihn verliebt.« Und sieht selbstverständlich auch ein, dass ihre reichen Eltern leider liquidiert werden müssen.

Die wollen erst mal mit dem Flugzeug in Berlin landen –

was aber nur gelingen kann, »wenn diese Dreckskommunisten es nicht abschießen!« Kapitalismus ist »ein toter Hering im Mondenschein: er glänzt, aber er stinkt«; »Russland ist da zum Weglaufen, nicht zum Hinfahren«, denn im Kommunismus droht jedem Selbstdenker schließlich die Haft bei Väterchen Frost, »und das Einzige, woran er sich wärmen kann, ist der heiße Atem der Kosaken«. Bestürzend Ähnliches gilt auch für die Gegenseite: »Atlanta ist Sibirien mit Pfefferminzgeschmack.« Kurz: Es ist alles ganz und gar wahr. Kein richtiges Leben gibt es im falschen, keinen Ort, nirgends. Wir sind verloren und müssen uns einen Reim darauf machen: Wir sind geboren. Billy Wilder lehrt uns, wie komisch das sein kann.

Harmlos oder ein Spielen auf Rumhängepatt ist »Eins, Zwei, Drei« also nicht. Einen Mann mit Trenchcoat und schneidender Stimme hört man fragen: »Glauben Sie etwa, Sie können einen deutschen Journalisten bestechen?« Die lakonische Antwort lautet: »Ich hab's noch nicht versucht.« Der Pressemann, der sich so aufspielt, wird kurz und unaufgeregt als SS-Obersturmbannführer enttarnt, der dann ganz kleinlaut seine bezahlte Arbeit als PR-Schranze macht. Sounds like *Spiegel*-Spirit.

Es gibt auch andere gute Gründe, aber allein für Billy Wilders Komödie »Eins, Zwei, Drei« hat sich die deutsche Teilung unbedingt gelohnt. Beim nächsten Mal möge der Versuch bitte erfolgreicher sein.

Dem Fußball eine Sintflut

DER GROSSE REGEN WAR HOCH willkommen. Am letzten Sonntag im Juli 2007 ließen die Wolken über Leipzig eine Wand aus Wasser auf die Stadt nieder, die eines gründlichen Gusses auch dringend bedurfte. Denn Leipzig roch vom Vortage her streng nach Urin, genauer: nach scharfem Herrenharn. Gewissermaßen als Präludium zum Beginn der Fußballbundesligasaison 2007/2008 hatte das Endspiel des Liga-Pokals in Leipzig stattgefunden. Das spülte tausende Angehörige der Kompaniesorte Mensch in die Stadt. Grob lauthals zogen die Olé-Olés vom Bahnhof zum Stadion, viele hatten auf der Fahrt gut Pils gehabt, waren schon entsprechend weit hinüber und entließen aufgesetzte, angestrengt herbeigesoffene falsche Fröhlichkeit in die Welt.

In die Farben ihres jeweiligen Vereins – Schalke 04 oder Bayern München – eingewickelt und freizeitgekleidet, aufgekratzt wie Bundeswehrsoldaten auf dem Weg in den Puff, stieselten sie taumelig über Kreuzungen und stellten fest, dass ihre Blasen so voll waren wie ihre Köpfe leer. Beides teilten sie begeistert und ungebeten jedem mit, den das gar nichts anging. Immer wieder fand so eine Männergruppe ein kleines Stückchen Grün, das getränkt werden konnte. Verklemmt prustend pissten die Kerle in die Rabatten, hielten ihre Dömmel feil und verstanden nicht, dass indignierte Passanten und vor allem Passantinnen keinerlei Begeisterung zeigen wollten über so viel echte Männlichkeit. Hunde werden von ihren grässlichen Besitzern zur Entleerung an einer Leine auf Grünflächen geschleift. Massenversammlungsorientierte Männer brauchen dazu kein Halsband, sie stellen sich selbst an den Baum. Man kann ihnen, anders als einem Köter, nicht einmal zugutehalten, sie seien genötigt worden.

Die schlechteste Nachricht des Sommers ist, dass die Fußballbundesligasaison wieder beginnt. Fußball ist schon lange kein ästhetisches Vergnügen mehr; allerspätestens mit dem zum »Sommermärchen« hochgelogenen nationalen Massenaufmarsch bei der WM 2006 ist die Gelddruckmaschine Fußball zur Plage geworden, zur Pest. Um den täglichen Bohei zu legitimieren und das mediale Wirklichkeitssurrogat zu erzeugen, braucht es die Massen in den Stadien. In der Rolle »richtiger Menschen«, als »Stimmen aus dem Volk« wird diese gigantische Selbstzahlerkomparserie benötigt zur Inszenierung des technisch hochmodernen, aber alt-ermüdenden Stückes Trocken Brot und miese Spiele.

Die unter dem Vorwand eines Fußballspiels angereisten Urinschläuche verließen Leipzig; ihre Hinterbliebenschaften waren Leergut, Müll und ihr Parfum: *Pissoir*, von Christian Dior. Da es zum Himmel stank, hatte ein olfaktorisch empfindsamer Wettergott ein Einsehen und ließ es regnen, regnen, regnen.

Hochseebaden mit Seehundfrau

DAS SCHNURRIGE ZEHNSITZIGE Maschinchen der Ostfriesischen Lufttransporte OLT landet nach gut viertelstündigem Flug von Büsum auf der Düne von Helgoland. Mit dem Auto geht es weiter zur Mole, von da mit dem Boot auf die Hauptinsel, ins Hotel. Ein Frühstück steht bereit und wird mit Freuden verdrückt: Melone, Ananas, Apfelsinen- und Pampelmusenfilets; Rührei mit Speck und kleinen Bratwürstchen; dann Fisch, Matjes mit Apfel und Paprika, Lachs, Makrele, Heilbutt, Sprotten; hinterher ein Apfelküchlein und Kaffee, für die Mädchen gibt es simulationsitalienischen Lattequatsch und Prosecco. Dann geht es mit dem Boot retour auf die Düne.

Die Nordsee rund um die Hochseeinsel Helgoland ist ein richtiges Wasser, mit Wellen- und Gedankengang, nicht so eine Pillermiege wie die Ostsee. »Nordsee ist Mordsee« heißt ein Film von Hark Bohm – was wäre analog die Ostsee? Eine Telekom-Post-See? Wird schon so was sein.

Nordsee aber ist heute freundlich, hat einen blitzeblauen Himmel aufgespannt, und der Wind weht. Wuppig-schluppig schaukelt das offene Boot von der Insel zur Düne, auch beim Anlegen an der Mole liegt es nicht ganz still. Eine sehr bibelkreistauglich aussehende, irgendwie graubrotene mittlere Dame gerät beim Aussteigen aus dem Tritt und ins Schlingern. Der Bootsmann, der sie an Land hievt, fragt trocken: »Na, heut Morgen schon was getrunken?« Die Dame füllt ihre Mäuseäuglein mit Empörung. Dabei ist das doch ein sehr freundlicher Rat und täte sicher auch dem Bibelkreislauf nur gut.

Türkis ist das Meer vorn, hinten wird es blaugrün, weiß

leuchten Schaumkronen. Hinter klug angepflanztem Wind- und Sichtschutz aus Reisig setzt man sich in den warmen Sand, und wenn man sich wälzt, sieht man aus wie ein panierter Butterfisch. Vögel kommen zu Besuch: Austernfischer, schwarz-weiß mit kleinfingerlangem, orangerotem Schnabel, trippeln gewitzt und fordern ziepend, ja zerrend Futter. Die viel größere Lachmöwe fragt erst gar nicht, räumt ungeniert den Rucksack aus, und rupf! – fliegt die Brieftasche in den Sand, eine Kreditkarte lässt sich eben noch retten. Ob die Möwe auch mal bargeldlos ein Makrelchen kaufen gehen wollte?

Schönes Strandgut gibt es auch: Hühnergötter, taschenkrebspanzerfarbene Flintsteine, roten oder weißen Sandstein und Austernschalen – die Austern kehren, wie die Hummer, nach Helgoland zurück. Das alles kann man sammeln und ein bisschen am Strand herumhausmeistern. Herumhausmeistern ist die Übersetzung von Feng Shui.

Oder man sucht sich einen Strandkorb. Strandkorb ist schönster Luxus, einfach und einleuchtend. Draußen pfeift der Wind, drinnen kann man küssen, wispern, schmiegen, lesen und ein Zigärrchen schmauchen und schlafen wie ein satter Hummer – oder alles. O ja, einmal alles mit Schuss, bitte! Und einen Strandkorb! Strandkorb ist huschelig, man fühlt sich wie ein Osterei im Nest.

Zum Wasser schlägt man ein paar Räder über den Strand oder läuft einfach ins 20 Grad frische, gischtende Wasser, schwimmt – und stutzt. Was ist das denn da vorne für ein Kopf, groß und schwarz und glänzend? Ein Seehundkopf, nur drei Meter entfernt. Und, sogar noch einen Meter näher dran, ein zweiter: grau und weiß gesprenkelt, kleiner als der erste und schmaler: der Kopf einer Seehundfrau. Unverwandt und direkt kuckt sie, und dann – schlupp! – taucht sie, schlägt mit der Flosse und ist weg. Um nach einer halben

Minute ein paar Meter weiter wieder aufzutauchen, abermals neugierige Blicke abzufeuern und den Betrachter nach den Regeln der hohen Kunst verliebt zu machen.

Seehunde sind uneckig rund und lieben Fisch, und bei aller Rundheit werden sie niemals penetrant anthroposophisch. Eine gute Woche schwamm ich mit ihnen, am aufregendsten war es bei Hochwasser.

Oben auf dem Wellenkamm
Tanzte elegant und schwamm,
Ich schwör, so war es, ganz genau:
Meine schöne Seehundfrau.

Du sollst nicht Hiddenseen noch Rügen

HiddenRügen. Schau: Au Backe!
Alle tragen Wetterjacke.
Denn die ist so herrlich praktisch,
Weshalb man sie prophylaktisch,

reich an Taschen und elastisch,
trägt, im Fall, dass nicht phantastisch
feriendeutsches Wetter sei.
Und überhaupt – ist was dabei?

Zwar wird der Sehende halb blind
von Vatti, Mutti und auch Kind,
von grellbunten Kreisch-Familien.
Deutschland heißt in echt: Debilien.

Fieser als ein Ledernacke
ist die deutsche Wetterjacke.
Blau-gelb, grün-braun und rot und – kuck:
So einsam macht der Partnerlook.

Nie gönge Herr Jack Wolfskinhead
Ohne sein' Klettverschluss zu Bett.
Der Klettverschluss ist seine Frau.
Sie macht »Ritsch-Ratsch!« und passt genau.

Jena und Arena, Joethe und Jinkgo

DIE FRAGE, OB DIE KULTURARENA in Jena Kulturarena heißt, weil Kulturarena sich auf Jena reimt, kann ich zwar stellen, aber nicht beantworten. Doch wenn in der Kulturarena in Jena ein Konzert von Willy de Ville stattfindet, setzt man sich in Marsch und gurkt von Leipzig aus dort hin. Willy de Ville ist die reine Form dessen, was sein Kollege Herman Brood einen »Heart and Soul Rock'n'Roll-Junkie« nannte: ein Korsar des Tourneelebens, ein Freibeuter, gewaschen mit den Wassern der Südstaatensümpfe, den schaukelnden Fluten von New Orleans und gebadet in den Abflüssen New Yorks. Anders als Brood hat Willy de Ville das Kanalrattenleben bisher überlebt. Herman Brood sprang am 11. Juli 2001 vom Dach des Amsterdamer Hilton Hotels in seinen Tod. Er hinterließ einen Zettel mit den holländischen Worten »Brood is op« – Brot ist alle. So muss es sich angefühlt haben für ihn.

Jena hat kein Hilton zum Runterspringen, aber ein Steigenberger Esplanade. Telefonisch buchte ich ein Zimmer. Zunächst geriet ich in die Warteschleife und wurde zu Soßenmusik um »etwas Geduld« gebeten. Eine seifenreklamefreundliche Automatenstimme versicherte, dass man sich »schnellstmöglichst« um mich kümmern werde, tatsächlich »schnellstmöglichst«, mit doppeltem Superlativ. Die rissen sich ja nicht nur die Beine aus vor Fixigkeit, sondern auch gleich das bisschen Sprache und Verstand. In der Kultur des permanenten Siegens unserer Besten muss es den Superlativ unbedingt auch in gedoppelter Form geben: Der »Bestverdienendste« und »Bestaussehendste« will man sein, der »Meistverkaufteste«

eben, und zwar »schnellstmöglichst«, das wäre dann »am optimalsten«.

Es geht hier nicht um grammatische Korrektheit. Alle Rechthaberei ist oberflächlich, Zensuren geben ist langweilig und mag allenfalls Menschen mit zweifelhaftem Seelenhaushalt befriedigen. Doch muss man sagen, was ist. Der im Wort »schnellstmöglichst« durch die Sprache zutage tretende Zwang, mit jedem Satz die Bereitschaft zur Erringung eines goldenen Leistungsabzeichens zu demonstrieren, bringt das Leben im Konsumismus auf den deprimierenden Punkt: »schnellstmöglichst« sich zur Ware machen, sich verhökern, so gewinnstbringenst es gerade noch geht.

Nichts anderes ist mit den »blühenden Landschaften« gemeint, mit denen der taktisch gewiefte Simpelsozialpsychologe Helmut Kohl einst hausieren ging: aus jedem Landstrich einen Strich machen. Zyniker nennen das: die menschliche Natur. Die ihrerseits zwar anderes zuließe, allerdings nur, wenn man wöllte. Widerständigkeit aber schreibt man in Deutschland im Konjunktiv neunzehn.

Dessen ohngeachtet ging es auf die Fahrt nach Thüringen; der Thüringer weiß, wie man mit Wurst beglücken kann. Glück konnte er auch in Dornburg an der Saale stiften, nahe Jena, und es gelang ihm sogar im schwierigen Fach des Vegetarischen: Als nahe den Dornburger Schlössern vor einem Privathaus frisch gepflückte Pflaumen standen, die große Schale angeboten für 50 Cent und der Eimer für drei Euro, und der dankbare Mitnehmer das hineinzahlen durfte in eine Zigarrenschachtel mit der Filzstiftaufschrift »Kasse des Vertrauens«, da wusste ich, dass neben all den Medialverwirrten in der Welt es Menschen gibt, die bei Groschen sind und bei Trost.

Der von Pflaumenaufessen und Pflaumenkernweitinsgrünespucken begleitete Rundgang durch die Gärten der

Dornberger Schlösser tat wohl, denn er gab Licht. Man ahnt, warum Goethe hier öfter zu Gast war. Unter diesem Vorwand wurden auch Ginkgo-Bäumchen verkauft; denn diese Pflanze liebte Goethe ganz besonders. Die nicht unzahlreichen Besucher aus Berlin-Brandenburg gaben das in ihrem eigenen, immer etwas beleidigt, eingeschnappt und entsprechend unterbissig klingenden Tonfall von sich: »Joethet Jinkgo war jut jewesen, wa?!«

Die Stadt Jena samt ihrer sich reimenden Kulturarena regte dann zu erfreulicheren Gedanken an. Willy de Ville enterte die Bühne; er sah aus wie der Pirat Jack Sparrow, allerdings wie das Original. Die Fälschung gibt es im Kino, in drei aufdringlichen, brüllend lauten Teilen.

Für alle Liebenden sang Willy de Ville »For ever and ever Heart and Soul« – es könnte die thüringische Landeshymne sein. Weil das aber weder die Thüringer noch die weniger von Gott Bevorteilten wissen, schrieb ich es hier einmal für alle auf.

Geheimwaffe Bienenhonig

EIN GROSSES QUANTUM Gewalt ist nötig, um ein Wortungetüm zur Welt zu bringen, in dem gleich zwei Zwangsvorstellungen zwangsvereint werden: »Sicherheitskontrolle«. Es bedarf vieler Verfolgungswahnsinniger, um so etwas auszuhecken, es in die Öffentlichkeit zu hieven und dort als Normalität zu versenken.

Ich stand in der Sicherheitskontrollschlange des Stuttgarter Flughafens. Die Sache war nicht neu: Wanderschuhe von den Mauken gezerrt, Gürtel aus den Schlaufen der Hose gezogen, Computer ausgepackt, eingeschaltet und nach kritischer Prüfung alles wieder eingetütet respektive angezogen. Security-Diktatur ist Alltag, manche nennen das Zivilisation. Die Mühen der Auflehnung will niemand auf sich nehmen, man hat schließlich Besseres zu tun, als fruchtlos mit rechtwinklig gehirnstrukturierten und instruierten Wachleuten aneinanderzugeraten. Das labile Gehorchen dient ja auch einem höheren Zweck: der Sicherheitskontrolle. Legale Polizeifolter oder die Todesstrafe könnte man in Deutschland ähnlich leicht wieder einführen; ein kurzes Maulen, Murren und Bedenkentragen, ein paar restliberale Leitartikel, und dann wäre die Sache durch. Folter und Todesstrafe? Ja, sicher, schön ist das nicht, aber wenn es die Richtigen trifft, ist es doch in Ordnung, oder?

Mein Rucksack war bereits zum zweiten Mal durchleuchtet worden. »Sie haben da eine Flüssigkeit im Handgepäck!«, teilte mir eine Uniformierte mit. »Können Sie die Tasche bitte öffnen?« Ich konnte; was blieb mir auch übrig. Außerdem war ich selbst neugierig: Von einer Flüssigkeit war mir nichts bekannt.

Schnell war das Schwein des Anstoßes entdeckt. Es handelte sich um ein kleines Glas Honig. Mein Freund Vincent Klink hatte es mir geschenkt, bevor er mich zum Flughafen fuhr. Wir hatten die nächsten Ausgaben unserer Zeitschrift *Häuptling Eigener Herd* eingetaktet, und so etwas geht nicht am Telefon oder per Elektropost. Die wichtigen Dinge im Leben spielen sich nicht digital ab, sondern Auge in Auge. Im Lande Digitalien, dem größten, dümmsten und wertlosesten Land der Welt, gibt es nur Nullen und Einsen – vor allem Nullen, die einem sehr gern gestohlen bleiben können. Was einem am Herzen liegt, bespricht man vertraulich, ohne digitale Fesseln und Krücken.

Wie immer hatte Freund Vincent mich überrascht. Der Mann ist ein Felsen, aber ein sehr beweglicher. Der Patron des Lokals »Wielandshöhe« ist passionierter Jazzmusiker, Autor von lebensprallen Geschichten, ein tödlich zielsicherer Bogenschütze – und entpuppte sich auch noch als Imker. Drei Bienenvölker summseln in seinem Garten herum, ihm zur Freude und zur Wissens- wie zur Honiggewinnung. Einen ganzen Eimer seines zu Hause selbst erzeugten Honigs wollte er mir schenken; ich musste wegen meines schon gefüllten Rucksacks verzichten und nahm mit einem 200-Milliliter-Kleingefäß vorlieb.

»Das ist eine gefährliche Flüssigkeit«, sagte die Sicherheitskontrolluniformierte und zeigte auf das Glas. Ihre Stimme und ihr Gesichtsausdruck waren routiniert neutral. Ich musste mir das Lachen verkneifen. »Das ist Honig«, sagte ich. »Nicht gefährlich, sondern sehr gesund.« Sie blieb ganz kühl. »Das ist eine gefährliche Flüssigkeit, die Sie nicht mitnehmen können.«

Ich fasste es nicht, blieb aber ruhig, weil ich eine Frau vor mir hatte. Bei einem Kerl wäre ich wahrscheinlich deutlich geworden, bei einer Frau wurde ich es nicht – man nennt das positiven Sexismus oder, weniger angeberisch, Kinderstube. »Es ist Honig. Wirklich Honig. Von einem Freund selbst geimkert«, setzte ich der Sicherheitsdame freundlich auseinander. Es nützte nichts. »Nein«, sagte sie. »Das muss leider hierbleiben.«

Ich gab alles: Charme, Überzeugungskraft, die Wahrheit. »Es ist tatsächlich Honig. Sie können das Glas öffnen. Den Honig riechen. Oder ihn probieren.« Ich hatte eine Idee. »Ich kann auch vor Ihnen probieren. Ich mache das Glas auf, stecke einen Finger hinein und lecke ihn ab. Dann wissen Sie, dass es wirklich Honig ist und nichts Giftiges. Sie können das Glas auch gern behalten. Hauptsache, man schmeißt es nicht einfach weg. Dafür haben eine Menge Bienen und ein Imker lange geackert!«

Der Ausdruck des Bedauerns in ihren Augen wirkte nicht erzwungen, aber das änderte nichts an ihrer erlernten Haltung. »Tut mir leid. Das kann ich nicht machen. Es geht nicht. Das Glas kommt nicht mit.« Sie nahm es und beförderte es in eine große Plastiktonne.

Die terroristische Bedrohung Deutschlands kommt nicht von außen, sondern aus dem Ministerium des Innersten. Ein langjähriger Bundesinnenminister, der hochdeutschen Sprache stark ohnmächtig, ergreift paranoid jede Gelegenheit, sich den Landsleuten als Heimatschutzwart aufzudrängen. In einem zivilisierten Gemeinwesen würde man sich gütig um das Attentatsopfer Wolfgang Schäuble kümmern und sein schweres Trauma medizinisch behandeln, statt ihn gewähren zu lassen und damit seine psychische Derangiertheit zum Maß aller Dinge zu erheben. In Deutschland sagt man: Es stimmt schon, man müsste etwas unternehmen, aber das geht ja leider nicht, wegen der Demokratie. Demokratie ist wenn keiner etwas dafür kann – und auch schon früher nichts dafür konnte. Demokratie wird in Deutschland als Mittel der Verhinderung verstanden, als etwas, das man passiv erleidet. Die meisten Deutschen, die von Demokratie reden, meinen damit eine Ausrede für ihre Trägheit, Unentschlossenheit und Feigheit.

Rolle, Wolfgang Schäuble, rolle
Durch die Sicherheitskontrolle.
Rolle – und kehr nie zurück.

Terrorismus der ruhigen Hand

Ein offener Brief

SEHR GEEHRTE HERREN, erst einmal herzlichen Glückwunsch: Sie haben es geschafft. Zwei nicht explodierte Kofferbomben ungeklärter Herkunft, die möglicherweise Sie im Sommer 2006 in der Bahn deponierten, sind ein gefundenes Fressen für alle Fanatiker der inneren Sicherheit in Deutschland. Befeuert von den Dampfwalzungsmedien unserer Pluralismuswüste entsteht ein paranoides Klima wie zu Zeiten der RAF-Hysterie, und viele Deutsche blockwarten so begeistert mit, dass man ahnt, wie schmerzlich sie die Gelegenheit dazu vermisst haben müssen.

Doch wie alle Terroristen haben auch Sie Sympathisanten, vor allem unter den Kunden der Bahn, zu denen auch ich zähle – zu den Bahnkunden, keineswegs aber zu den Sympathisanten. Wer nahezu täglich die Wahnvorstellungen des sadistischen Bahnchefs Hartmut Mehdorn auszubaden hat, kann nicht einsehen, dass er auch von Ihnen noch ins Visier genommen wird. Das ist lästig und vollständig unlogisch.

Ihre Vorstellungen von Feindschaft sind diffus, Ihr einziges Pfund ist Ihre Entschlossenheit zum Handeln. Wenn Sie vom Terrorismus schon nicht lassen wollen – darf ich Sie bitten, zielen zu lernen? Also einen Terrorismus der ruhigen Hand zu praktizieren und Augenmaß walten zu lassen?

Vergessen Sie bitte zuerst Ihr ganzes moralislamistisches Gekäse und Geschnorchel. Andernfalls laufen Sie Gefahr, ethisch und intellektuell mit Gestalten wie der hannöverschen Landesbischöfin Margot Käßmann auf eine Stufe gestellt zu werden, die mit ihrem Aufruf zum Boykott von Madonna-Konzerten endgültig bewies, wie schwer sie ein

Ei am Wandern hat. Prüfen Sie ferner, was Sie gegen den Westen im Allgemeinen und gegen Deutschland im Speziellen einzuwenden haben. Ich bin sicher, Sie werden allerhand vernunftgemäß Nachvollziehbares finden.

In jeder Einkaufspassage könnten Sie sich nützlich machen; Läden für Discounterplunder, für Schruz und Schrapel aller Art gibt es zuhauf – hauen Sie das Zeug weg, meinen Segen haben Sie. Verzichten Sie dabei aber bitte unbedingt auf Menschenopfer. So etwas ist doch atavistisch und wird gerade von jungen Menschen, die Sie ja rekrutieren wollen, als peinlich, nicht mehr zeitgemäß und uncool empfunden.

Wenn Sie solche billigen Knalleffekte aber nötig haben, erzielen Sie diese doch bitte ausschließlich mit Hilfe von Menschen, die ohnehin mit viel Tamtam aus dem Leben hinaus wollen – wie Pfarrer Oskar Brüsewitz, der sich im August 1976 mit Benzin übergoss und anzündete. Die legendäre Fackel von Zeitz war quasi ein Kollege von Ihnen: ein Selbstmorderpresser. Oder erinnern Sie sich an Petra Kelly, die politisch in der Nähe jeder Presseagentur stand und sich einen Ex-General zum Manne nahm, einen Berufsmörder, der seine Profession dann erwartungsgemäß an ihr ausübte.

Am gescheitesten wäre allerdings, den ganzen Islambettel hinzuschmeißen und zu erklären, Sie wären so eine Art Waffen-SS. Das käme erstens der Wahrheit ziemlich nahe und würde zweitens die Herzen vieler Deutscher für Sie öffnen. Denken Sie einmal darüber nach.

Mit verbindlichen Grüßen:

W. D.

Bitte Bayreuth statt Beirut

Deutschland hat wieder Bayreuth, mit der jährlich wiederkehrenden Krankheit Wagner. Dabei handelt es sich nicht um Franz Josef Wagner, den in feuchter Unterhose schreibenden *Bild*-Kolumnisten, der am 24. Juli 2006 im Feuilleton der *taz* ein Konzert der Rolling Stones besprach und sich dabei als »Street Fighting Man« und »Gossen-Goethe« die Hände und andere Körperteile rieb. Nein, es geht noch ein paar Nummern drunter: Richard Wagner heißt der Held der gehobenen Gamsbartdeutschen. Wagner war die Krönung der deutschen Romantik. Anders gesagt: Wagner komponierte wie ein in den Wald scheißender Aasvogel. Weil es davon so viele gibt in Deutschland, ist er noch immer beliebt.

Es wäre nicht fair, Wagner vorzuwerfen, dass Hitler für seine Musik etwas empfand, das dieser liebesferne Psychopath wohl für Liebe hielt. Aber es passt schon – Wagner ist führerkompatibel, viele seiner hochdramatischen Musiken lieferten die Tonspur für die Inszenierung eitler, hochfahrender Selbstbesoffenheit und minderwertigkeitskomplexdurchsättigten Grö*FaZ*-Gebrülls. Die deutsche Romantik – man muss das immer mal wieder sagen – hat nichts mit privaten, zarten und romantisch genannten Gefühlen zu tun. Die deutsche Romantik ist ihrem Wesen nach rückwärtsgerichtet und unweigerlich aggressiv.

Besonders eindrucksvoll ist das zu sehen in den Gesichtern der Bayreuther Wagner-Festspielbesucher. Es ist ein prächtiger Arschgeigenreigen, der sich jährlich in Bayreuth aufmandelt und aufmaschelt: Autohausbesitzer, die in Kultur machen, Damen wie Mutti Roth, Muschi Stoiber oder die Gewaltaprikose Angela Merkel, und obendrauf reicht man die dazu passenden Künstlerhalunken. Die Wirkung von Wagners Musik ist schon unangenehm genug, aber das Volk, das da hinlatscht und sich abfeiert, geht gar nicht.

Doch niemand erbarmt sich, niemand hat ein Bömbchen für Bayreuth übrig. Deshalb möchte ich die israelische Armee, von deren Effizienz man sich im Sommer 2006 überzeugen konnte, um eine kleine Gefälligkeit bitten.

»Sehr geehrte Damen und Herren, ich erlaube mir, Ihre Aufmerksamkeit auf einen Sachverhalt zu lenken, der Sie unmittelbar angeht. Das Bombardement der Stadt Beirut scheint mir ein tragisches Versehen und Missverständnis zu sein. Ziel Ihrer Angriffe sollte vielmehr die namensähnliche deutsche Kleinstadt Bayreuth sein. Ich bitte Sie: Verschonen Sie eine internationale Kulturstadt. Machen Sie stattdessen sinnvoller ein deutsches Kaff platt, einen Kuhdunghaufen, aus dem turnusmäßig Größenwahnfried quillt. Die Feinde Israels befinden sich nicht nur in Ihrer geographischen Nähe. Der Antisemitismus blüht auch in Deutschland, und er ist immer virulent, wo Wagner bramarbasiert wird. Machen Sie aus der Schäferhundebesitzerkulturhochburg Bayreuth das, was diese ihrem Wesen nach ohnehin ist: ein geistloses Erdloch. Verschonen Sie aber bitte unbedingt das Jean-Paul-Museum, denn der Schriftsteller Jean Paul war und ist ein Lichtblick der Zartheit im bayreuthdeutschen Dröhnen. Herzlichen Dank im Voraus.«

Wenn selbst das nicht hilft, fällt mir auch nichts mehr ein zur Rettung der Welt und zum Segen der Menschheit.

Ein Requiem

Liebe und Tod: A Hundred Highways,
das letzte Album von Johnny Cash

SEIT JOHNNY CASH am 12. September 2003 starb, verviel-
fachte sich der Ruhm des Sängers und wurde umfassend.
Hollywood nahm sich seiner an: »Walk The Line« heißt der
Film, der die erste Hälfte des Lebens von Johnny Cash gleichermaßen zeigt wie mystifiziert. »Unearthed« erschien, die
Kompilation der »American Recordings«-CDs, die Cash gemeinsam mit dem Produzenten Rick Rubin aufnahm – dem
Mann, der Cash die letzten zehn Jahre seines Sängerlebens
davor bewahrte, als altes Zirkuspferd des Musik- und Show-
geschäfts zu enden.

Rubin brachte Cash weg von schwülstigen Arrange-
ments, von musikalisch eher peinlichen Auftritten mit seiner
halben Familie, von unfassbaren Tanzbärenveranstaltungen
wie der Peter-Alexander-Show, in der Cash 1992 tatsächlich
zu Gast war und dort höchst zweifelhafte Duette mit seinem
ölfilmigen Gastgeber sang. In dieser Phase seiner Karriere
schien Cash mit allen Wassern und Abwassern gewaschen.
Doch er hatte Glück. Rick Rubin reduzierte ihn auf seine
Substanz: klare, einfache Musik, prägnante Songs, gespielt
von Cash und nicht minder beseelten Musikern, und über
allem waltete und herrschte die einzigartige Stimme von
Johnny Cash, eine Stimme, die das Gewicht der Weltwahr-
heit tragen konnte und trug.

Knapp drei Jahre nach seinem Tod erschien Johnny
Cashs letztes Album: »American V: A Hundred Highways«.
Cash ersteht darin noch einmal auf, der Mann in »Schwarz,
ein Prediger, ein Sänger, ein Wanderer, ein Hobo: »I have

been a rover, I have walked alone, like a hundred highways, never found a home«, singt Cash, unprätentiös, als wäre nichts dabei, als klebten nicht Meilen und Meilen an seinen Stiefeln. Cash sieht zurück auf sich, sein Leben und auf die Welt und zieht sein Resümee. Es fällt milde aus: »Love's been good to me.«

Der bei posthumen Veröffentlichungen schnell aufkommende Verdacht der künstlerischen und kommerziellen Leichenfledderei geht gegen das Album »A Hundred Highways« ins Leere. Denn es handelt sich dabei nicht um vormals aus gutem Grund wegsortierten, ausgemusterten Kram, sondern um Lieder, die Cash explizit noch veröffentlicht sehen und hören wollte. Auch bei seiner letzten gemeinsamen Arbeit mit Rick Rubin standen Cash Musiker zur Seite, die alle Nuancen und Schwingungen des Materials ausloten und den dunklen, düsteren und von tiefer Trauer durchzogenen Liedern Schwingen verleihen. Zwei der Songs stammen von Cash selbst; in »Like the 309«, dem letzten Lied, das er schrieb, trifft er auf den Tod, einen vertrauten Gefährten, den er sarkastisch »Doctor Death« nennt.

Es ist viel Tod auf diesem Album, nicht nur in der brüchigen Stimme von Johnny Cash, auch in den Texten. Den Begräbnissong »On the evening train« von Hank Williams singt Cash so anrührend wie gleichermaßen abgehangen selbstverständlich, wie das vielleicht nur jemand kann, der sich über Jahre daran gewöhnt hat, dem Tod ins Auge zu sehen – dem eigenen Sterben und dem geliebter Menschen: »It's hard to know she's gone forever / They're carrying her home on the evening train.«

Was schon auf den Vorgängeralben der »American Recordings«-Produktionen zu hören war, erweist sich erneut auf »A Hundred Highways«: Welches Lied Johnny Cash auch covert, es gewinnt an Tiefe, Substanz und Kraft.

Das gilt für »Further on up the road« von Bruce Springsteen – und ganz besonders für Gordon Lightfoots »If you could read my mind«. Was immer über den Verlust einer großen Liebe zu sagen ist, über den Schmerz eines sterbenden Gefühls, das nicht wieder zum Leben erweckt werden kann, mit keinem Mittel, das nicht aufhört, weh zu tun, bis es endlich, endlich tot ist: Die mürbe, auf den Tod müde Stimme von Johnny Cash jagt es uns unter die Haut.

Cashs vom Sensenmann schwer gezeichnete Stimme erodiert und zerbröselt, sie stirbt förmlich beim Singen. Es ist an der Grenze des Erlaubten oder hat diese Grenze überschritten, Cash singt den Soundtrack zu seinem eigenen Tod, die Privatheit seiner Stimme ist schier nicht auszuhalten und treibt einem das Wasser mit Macht in die Augen. Cash singt aus seinem Grab, er singt sein eigenes Requiem, und wir dürfen ihn hören, ein letztes Mal.

Im Segment der Sound-Tapete

DER NATÜRLICHE FEIND DER SPRACHE ist der Journalist, dessen Arbeitsweise Karl Kraus folgendermaßen beschrieb: »Es genügt nicht, keine Gedanken zu haben. Man muss auch unfähig sein, sie auszudrücken.« Das ist die Voraussetzung für jenen aufgeblasenen Stil, der seine Substanzlosigkeit offenbart, indem er sie angestrengt zu kaschieren sucht.

Sprachverbrecher finden ihre Heimstatt gern in den Feuilletons und dort bevorzugt im Bereich der populären Kultur, der aber nicht Bereich heißt, sondern »Segment«. Denn das Geschwollene, mit Wichtigkeit sich Spreizende ist da, wo es um »Pop« geht, unerlässlich, und »Segment« reimt sich ja auch so schön auf den Zement, den »Segment«-Sager im Kopf haben.

Besonders arg geht es in der Popmusikschreiberbranche zu, wo jede Menge Knechte der Musikindustrie unterwegs sind, die ein ebenso kümmerliches wie korruptes Leben mit Schwammvokabular aufblasebalgen. In einer Konzertrezension in der *Leipziger Volkszeitung* ist von »betörendem Pop-Appeal« und wenige Absätze weiter von »betörend-charismatischer Präsenz« die Rede. Abgesehen davon, dass »betören« bedeutet, jemanden zum Toren, zum Narren zu machen, was ganz offensichtlich gelang, ist das Werbewort »betörend« mittlerweile sogar in den PR-Agenturen verpönt, die es jahrelang so inflationär wie nichtssagend in die Welt hineinorgelten.

Aber auch auf die Kulturabteilungen der überregionalen Presse ist Lallverlass. Ein Autor, der für *taz* und *Zeit* arbeitet, erfindet eine »anspruchsvolle Sound-Tapete«. Die muss man sich bildlich vorstellen; wenn der Mann, der sie ersann, damit seine Wohnung tapezieren möchte, wird ihm das wohl gelingen, denn in der »anspruchsvollen Sound-Tapete« ist der Leim schon mit drin. Der Schmierkäse-Argot der Popindustrie hat längst die sogenannten »Qualitätszeitungen« erreicht; »Qualitätszeitung« ist ein Schaufensterdekorationswort, das die Attrappenhaftigkeit des Gegenstandes verrät, den es euphemistisch anpreist.

Wo alles mit Affirmation begossen wird, hält der Irrsinn Einzug. In der Pop-Hurra-Welt, in der jede Nichtigkeit »großartig« respektive »grandios« zu sein hat, sind Steigerungen zwar Pflicht, aber grammatikalisch nicht mehr möglich. So kommt es zu Superlativ-Superlativierungen wie »Das weißeste Weiß«, »Das optimalste Konzept« oder »Deutschlands meiste Kreditkarte«. Das ist, wie Karl Kraus es vom Journalisten verlangte, eben nicht nur falsch, sondern vor allem komplett geistfrei.

Ein Äquivalent zu »Deutschlands meister Kreditkarte« lieferte ausgerechnet ein Kirchenmann. Der katholische Bischof Mixa sprach im Zusammenhang mit der »Familien-« und »Werte-« und also längst Pop- und Feuilleton-Debatte, wiederholt von seiner »tiefsten Überzeugung«. Musste es wirklich die »tiefste« sein?

Bedarf das Substantiv »Überzeugung« des Adjektivs »tiefe« oder sogar der Steigerungsform »tiefste«? Eine Überzeugung ist an und in sich tief, sonst ist sie keine; wer von »tiefster Überzeugung« spricht, steht möglicherweise unter dem Zwang, eine Flachheit verbergen zu müssen. »Meine tiefste Überzeugung«, das ist der dramatisierende Stil des Lore-Romans und der Nullhundertneunziger-Werbung: »Überzeugungen ab 40 – jetzt noch tiefer ...« Eine »tiefste Überzeugung«, und einzig daran bemäße sich ihr Wert, gibt es nicht, nicht einmal im Segment der anspruchsvollen Sound-Tapeten. Obwohl sich unsere Pop-Autoren im Rahmen ihrer Möglichkeiten darum doch so sehr bemühen.

Wenn alles Fühlbare in diesem Schrei ist

Uschi Brüning singt

Der Weg zu Uschi Brüning war ein Umweg über die Literatur. Noch keinen Ton, keine Note hatte ich von ihr gehört, da stand sie schon im Brennpunkt der Faszination. Die frühe Verehrung für Uschi Brüning verdanke ich meiner Deutschlehrerin, die uns Ulrich Plenzdorf lesen ließ, »Die neuen Leiden des jungen W.«. Plenzdorfs Held Edgar Wibeau schwärmt für Jazz, für richtige Musik: »Wenn meine Kassetten nicht gereicht hätten, wären wir in den ›Eisenbahner‹ gegangen oder noch besser in die ›Große Melodie‹, wo die Modern Soul-Jungs spielten oder SOK oder Petrowsky, Old Lenz, je nachdem wer dran war. Montag war immer fester Tag. Oder denkt vielleicht einer, ich wusste nicht, wo man in Berlin hingehen musste wegen echter Musik? Nach *einer* Woche wusste ich das. Ich glaube nicht, dass es viele Sachen in Berlin gegeben hat, die ich versäumt habe. Ich war wie in einem Strom von Musik. Vielleicht versteht mich einer. Ich war doch wie ausgehungert, Leute! Schätzungsweise zweihundert Kilometer um Mittenberg rum gab es doch keine anständige Truppe, die Ahnung hatte von Musik.«

Mir ging es mit 16, 17 Jahren in Bielefeld im Westen nicht anders, als es Wibeau im fiktiven Ort Mittenberg im Osten ergangen war. Aber Wibeau war nach Berlin abgehauen, blühte dort auf und sog mit Musik das Leben ein: »Old Lenz und Uschi Brüning! Wenn die Frau anfing, ging ich immer kaputt. Ich glaube, sie ist nicht schlechter als Ella Fitzgerald oder eine. Sie hätte alles von mir haben können, wenn sie da vorn stand mit ihrer großen Brille und sich langsam in die Truppe einsang.« Man merkte gleich, worum es wirklich ging bei Musik: um das große Lebenselixier, die Liebe – also nicht um den schäbigen Ersatz, von dem die Religionslehrer schluchzen und der bis heute von allerlei Lourdes-Latschern empfohlen wird. Schönen Dank auch.

Plenzdorf war hin und weg vor Liebe zu Uschi Brüning, die Musik war eine Allegorie für das Wunder, nach dem er sich sehnte: »Wie sie sich mit dem Chef verständigte ohne einen Blick, das konnte nur Seelenwanderung sein. Und wie sie sich mit einem Blick bedankte, wenn er sie einsteigen ließ! Ich hätte jedesmal heulen können. Er hielt sie solange zurück, bis sie es fast nicht mehr aushalten konnte, und dann ließ er sie einsteigen, und sie bedankte sich durch ein Lächeln, und ich wurde fast nicht wieder.«

Dass er seinen Helden durchs Reich der Projektionen schickte, wusste Plenzdorf: »Kann auch sein, es war alles ganz anders mit Lenz. Trotzdem, die ›Große Melodie‹, das war eine Art Paradies für mich, ein Himmel. Ich glaube nicht, dass ich in der Zeit von viel was anderem gelebt habe als von Musik und Milch. Anfangs war mein Problem in der ›Großen Melodie‹ bloß, dass ich keine langen Haare hatte. Ich fiel ungeheuer aus dem Rahmen.«

Es war alles da an Verheißungen: Musik, Liebe, wildes Leben, nicht gezügelt oder gedämpft, sondern radikal, alles und jetzt gleich sofort, Vertröstungen waren etwas für arme Willis, egal ob im Westen oder im Osten. In Bielefeld hatten wir den »Bunker Ulmenwall«, mit rüdem Folk und Jazz, so kam es uns zumindest vor. Leben war schwer, aber dann auch wieder ganz leicht, selbstgedreht in Lederjacke und, klar, mit langen Haaren, Matte bis zum Arsch, und die RAF war gegen die Staatsordnung und also schwer in Ordnung. Ein Opportunistenschleimspruch wie »Ich war jung und brauchte das Geld« wäre uns nie eingefallen. Musik war Springtanzfolk, richtiger Rock oder eben Jazz, und der durfte bitte gern so frei sein, wie es nur ging, und alle Grenzen sprengen.

Persönlich kennengelernt habe ich Uschi Brüning viel später, am 19. Mai 1999, im Berliner Tränenpalast. Im Rahmen von *Jazz, Lyrik, Prosa* trat sie mit ihrer Band *Enfant* auf. Der Ganzkörperschlagzeuger Wolfgang »Zicke« Schneider begeisterte mich sofort, der Saxophonist Ernst-Ludwig »Luten« Petrowsky war mit seinem trockenen Humor und seinem exzessiven Spiel nicht minder eindrücklich. Und dann kam Uschi Brüning dazu und sang »Compare to what«. Die Wirkung war physisch. Ich dachte, ich müsse zerspringen. Das Blut kochte und schoss unter die Schädeldecke, die Gefäße schienen zu klein, um die Energie und Intensität dieser Stimme aufnehmen zu können. Auch von außen wirkte der Gesang auf den Körper, wie tausend Nadelstiche – und wie zum Beweise des Diktums von Oscar Wilde, nach dem Körper und Seele ein und dasselbe sind. »Tryin' to make it real« – versuchen, es wahr zu machen, wirklich, wahrhaftig: Darum geht es, wenn Uschi Brüning singt. Ich war 37 Jahre alt, als ich sie erstmals live singen hörte, etwa so alt wie Plenzdorf, als er seine Eloge schrieb, und ich wusste genau, was der Mann gemeint hatte.

Noch einmal fand ich literarisch beschrieben, was es mit Uschi Brünings Art zu singen auf sich hat. Peter Hacks schrieb in seinem Gedicht »Die Welt, schon recht«: »Wenn deine Schönheit sich ins Engelhafte / Verklärt und dann in einem Aufschrei birst, / Und alles Fühlbare in diesem Schrei ist, / Mit dem du aller Wirrsal dich entwirrst«. So klingt das, wenn Uschi Brüning »Compare to what« singt. Und sie macht kein bisschen Aufhebens davon.

Der künstlerische Adel der DDR hat sie verehrt und verehrt sie noch, und das einfache ostdeutsche Volk ist nicht minder hingerissen. Ich habe das seit 1999 oft erlebt, auf einer großen Bühne in Berlin, auf einem Freilichtpodium in Zollbrücke in Brandenburg oder in einem Kulturhaus in Marienberg im Erzgebirge: Ob begleitet von einem Pianisten, einem Duo oder einer Band: Uschi Brüning, der Star, bis in die Haarspitzen voll Lampenfieber, singt, egal vor welchem Publikum, völlig unprätentiös wie um ihr Leben. In jedem Ton geht es um alles, und das Publikum kann sein Glück nicht fassen – und auch das seltsame Gefühl nicht, dass diese Stimme eine Stimme aus der DDR war und ist, wenn auch niemals die Stimme der DDR.

Knorrigkeit und Swing

Über den Jazzmusiker Ernst-Ludwig »Luten« Petrowsky

Ein Saxophon kann säuseln, schmeicheln, liebkosen und streicheln. Es kann ächzen, scheppern, quietschen. Es kann quaken, ploppen, schmirgeln, jammern, jaulen. Es kann Zorn zeigen und es kann brüllen. Es kann von Liebe singen und es kann den Krieg erklären. Es kann einen Kopf wegblasen wie eine Kugel aus einer 45er Magnum – hat aber den unschätzbaren Vorteil, dass der Kopf hinterher noch dran und ganz ist. Anders zwar, verändert, geweckt, aufgescheucht, aber eben noch dran.

Ein menschliches Gehirn, das mit Jazz Fühlung aufnimmt, verliert seine rechten Winkel. Jazz ist die Verneinung des Stechschritts und des Marschiertritts. Jazz ist einzeln und frei, und eine Jazzband ist, nach der Liebe, die intensivste Verschmelzung Freier und Einzelner.

Ernst-Ludwig Petrowsky spielt Jazz. Er hat das sein ganzes erwachsenes Leben getan und wird es tun, solange er da ist. Das hat nichts mit Mode zu tun; es ist existentiell. In den 50er Jahren in Deutschland Jazzmusiker zu werden, war eine Entscheidung gegen den Strom. Wer hörte schon Jazz, wer wollte ihn hören? Für die Eingeweihten war Jazz die Musik, zu der man gut rauchen konnte. Man zog sich dazu einen schwarzen Rollkragenpulli an und stülpte sich eine schwere dunkle Brille auf die Existentialistenrübe. Die jungen Männer setzten dazu einen verlorenen Gesichtsausdruck auf, die jungen Frauen einen eher fatalen, und tragisch war man sowieso. Aber jenseits solcher Attitüde war Jazz eben auch ein Gefühl. Eins, das nichts mit Ärmelaufkrempeln und Zupacken zu tun hatte, nichts mit Wiederaufbau

und Wiederbewaffnung und auch nicht mit sozialistischem
»Bau auf, bau auf!«.

Jazzmusiker sind überall eine Minderheit. Das war in der
DDR nicht anders. Ernst-Ludwig Petrowsky, am 10. Dezember 1933 in Güstrow geboren, wurde als Jugendlicher mit
Jazz infiziert. Jazz war die Musik der Befreiung – logisch, es
war ja die Musik der Befreier. Sie hatten die deutsche Perversion niedergeworfen, aber die Pervertierten waren noch
da. Jazz war Negermusik, die Ideologen des »Swing tanzen
verboten« hatten immer noch die kulturelle Lufthoheit. Jazz
war das Gegengift gegen die Ästhetik der Blockwarte. Jazz
trampelt nicht, Jazz schwingt. Oder swingt und tanzt aus der
Reihe. Jazz kann so leicht und luftig sein wie ein schönes
Kleid, aber ordentlich der Zukunft zugewandt ist er nicht.

In dieser Zeit Jazz zu spielen, war ein Akt der Verweigerung und wurde von den organisierten Kadern einer besseren Zukunft und Welt mit Argwohn betrachtet. Ein Mensch,
der etwas nicht versteht, kann versuchen, es verstehen zu
lernen. Ein Funktionär, der eine Sache nicht begreift, fühlt
sich von ihr in Frage gestellt und angegriffen. Er bewertet
und behandelt sie als Feindseligkeit, als Kampfansage.

Wenn Musik als suspekt und negativ bekämpft wird
und sich wehren muss, entwickelt sie ihre eigenen Mittel
der Subversion. Man kann das in der Musik Ernst-Ludwig
Petrowskys hören. Wenn er mit dem »Zentralquartett«
deutsche Volkslieder spielt, dann wird den kontaminierten
Melodien jede als verlogen empfundene Harmonie ausgetrieben. Dann wird mit Volldampf und Furor zerlegt, zertrümmert und zerhackt. Wohlgefühle erzeugt das nicht.
Barjazz ist anders.

Doch Ernst-Ludwig Petrowsky gehört zu den Musikern,
die wissen, dass man Musik zuerst spielen können muss, um
erst dann auch ihre Grenzen auszuloten. Mit experimental-

simulatorischem Getute und Gemache hat er die Welt also rücksichtsvoll verschont; die amusikalischen Bedürfnisse der Free-Jazz-Polizei bedient er eben auch nicht.

Der Autodidakt Ernst-Ludwig Petrowsky ist ein Mann von starkem und widerborstigem Charakter. Er spielte und spielt Jazz auf seine eigene, freie Weise. Er kann das Saxophon als Axt einsetzen, und er kann zart und harmonisch schön spielen, wenn er denn will. Vorschreiben lässt er sich das nicht. Stellt sich ein Musikfunktionär oder sonstwie Trittbrettfitti in seine Nähe und will ihm sagen, was er zu tun und zu lassen und zu spielen hätte, bläst dem die ganze Rauheit des Mecklenburgers ins Gesicht. Wer meint, er könne Petrowsky vereinnahmen und vor seinen Karren spannen, der lernt seine Energie, seinen Kampfgeist und seinen trockenen Humor kennen. Wer ihn in seiner Freiheit aber nicht beschränkt und ihn nicht nötigen will, seine Kunst zu verraten, erlebt einen charmanten, liebenswürdigen Mann.

Das Schönste am Jazz ist, dass man tatsächlich alles rein musikalisch sagen kann. Unverfälscht kommt es aus dem Rohr; von der zarten Liebeserklärung bis zum Zornwind in die Arschgesichter der Welt hat Luten Petrowsky alles in seinem Repertoire. Die Gabe, Knorrigkeit und Swing miteinander zu verschmelzen, heißt Ernst-Ludwig Petrowsky.

Das Zuhause der Zigeuner

Van Morrison und »Pay the Devil«

ER KANN SIE IMMER NOCH erzeugen, die Liebe auf den ersten Ton. Van Morrison singt lässig, undramatisch, seelenruhig, sofort berührend und einschneidend. »There stands the glass / that will ease all my pain / that will settle my brain / it's my first one today.« Es sind die Anfangsworte auf »Pay the Devil«, dem 2006er Album von Van Morrison. 60 Jahre alt ist der Mann zu diesem Zeitpunkt, und er weiß, wie die Trinkerwelt sich dreht: »There stands the glass / that will hide all my tears / that will drown all my fears / Brother I'm on my way.« Mag die Hand auch zittern, die Stimme zittert nicht.

Van Morrison macht wieder richtig Ernst. In der Disziplin der nichtironischen Selbstbehauptung gegen eine entweder anödend seichte oder aber komplett Amok laufende Idiotenwelt ist er immer noch das zu schlagende Pferd. Mehr als 40 Jahre als Sänger, Songschreiber und Musiker hat der rastlos wandernde Liebes- und Gottsucher auf dem Buckel. Sie stehen ihm bestens. Van Morrisons Stimme ist die Heimat der Heimatlosen, das Zuhause der Zigeuner.

Gerade mal drei von den 14 Songs dieses Albums hat er selbst geschrieben, und doch ist »Pay the Devil« eine originäre Van-Morrison-Platte. Es gilt das gesungene Wort: »Big Blue Diamonds« mag ein Rührstück über vergebliche Liebe sein – aber Gott im Himmel, kann dieser Mann singen! So seelenvoll war noch kein Soul, so betonschwer noch kein Herz, so schmerzgesättigt noch kein Blues. Hätte Jesus so singen können, sie hätten ihn nicht gekreuzigt.

Hank Williams, Hausheiliger aller traurigen, sehnsüch-

tigen Liebenden, bekommt von Van Morrison einen glän-
zenden Country&Soul-Anstrich. »Your cheatin' heart«
rollt mit einer Selbstverständlichkeit, die aufblitzen lässt,
was Musik in ihren besten Momenten sein kann: eine Haltung zur Welt, die der Welt einiges an dringend benötigter
Schönheit hinzufügt.

Das gilt, stärker sogar noch, für »Back Street Affair«.
Wieder ein Lied über Untreue und Treue; Van Morrison lädt
sich die Rolle des Verfemten auf und singt cowboysoulig:
»They say you wrecked my home / I'm a husband that's
gone wrong«, und empört sich über die verlogene Bürger-
bande: »How can they call our love a back street affair?«

Ich wusste nicht, dass Missmut strahlen kann – aber ja
doch, Van Morrison beweist es. Wütend prangert er »the
judgement of gossips« an, das Gehetze und Gerüchtege-
hechle der feigen Mehrheit, und schwingt sich auf, die Unwürdigen für immer hinter sich zu lassen: »I will climb the
mountain high / 'til the world will hear me cry / that our
love is not a back street affair.« Besser als mit Van Morrison
im Gepäck kann man solche Berge nicht erklimmen.

»Pay the Devil« ist ein Glück für alle, denen Van Morrison am Herzen liegt. Dieser suchende Mann, das kann
nicht anders sein, ist oft auch ein irrender Mann. Und
wie schrecklich – für ihn selbst, aber eben auch für seine
Fans – hat Morrison geirrt! Wie hat er uns leiden lassen!
Wenn er meinte, er müsse, statt Musik zu machen, wie nur
er sie kann, Jazzkoloratur schreien – grauenhaft. Wie viele
Platten hat er gemacht, auf denen man ein Stück heiß und
innig liebt, zwei, drei so eben noch mag und den Rest, in
Todesangst zum Gerät hechtend, unbedingt wegdrücken
muss. Auf dem Album »Magic Time« von 2005 war »Celtic
New Year« das Stück, mit dem Morrison das Glück aus den
Trümmern des Unglücks wieder zusammenbaute, gekittet

mit Sehnsucht und Glauben und dem Vertrauen, dieses Mal könne die Liebe stark genug sein.

Der Nachfolger »Pay the Devil« ist ein Album nicht des Songschreibers, sondern des Sängers Van Morrison. Es zeigt ihn in erfreulich konstanter Form. Höhepunkt ist der Schlusstitel: »Until I gain control again«. Leise und zurückhaltend kommt dieses verzweifelte Bekenntnis daher, mit einer Intensität, als grapschten die Dämonen mit ihren bösen Pfoten nach ihm: »There is nothing that I can hide from you / You see me better than I ever can.« Es ist nicht sein eigener Text, aber Van Morrison singt ihn so nackt wie niemand vor ihm: »Out on the road that lies before me now / I hope that you will hold me now / Until I gain control again.«

Van Morrison nähert sich einer Grenze, an die sich die meisten nicht einmal im Kino herantrauen würden. Der Mann geht unglaublich weit, und er hat nur eines im Sinn: Liebe. Also, wie William Burroughs sagte: das natürlichste Schmerzmittel der Welt.

Durch die Sprache in die Welt

ALS »MEIN URGROSSVATER, die Helden und ich« von James Krüss erstmals zu mir fand, war ich ungefähr zwölf Jahre alt. Eigentlich gehörte das Buch meinem älteren Bruder, aber ihm schien es nicht so viel zu geben, und so suchte sich das Buch einen neugierigeren Leser. Ich mopste es und eignete es mir an. Es wurde mein Buch, ich las es oft, der gelbe Schutzumschlag der damaligen Ausgabe musste reichlich oft mit Tesafilm gerettet werden.

Mitte der neunziger Jahre fand ich das Buch wieder. Frisch verliebt las ich es der geliebten Frau vor. Sie war entflammt – nicht nur für mich, sondern auch für James Krüss. Ich war kein bisschen eifersüchtig; ich war glücklich.

»Mein Urgroßvater, die Helden und ich« ist ein Buch über Großherzigkeit und Mut, über wahres und falsches Heldentum, über Klugheit, List und Zivilcourage. Es ist, ohne den Leser mit der Drangsal dogmatischer Rechthaberei zu langweilen, ein politisches Buch. Krüss schrieb für Leser, die nicht aufhören wollen zu lernen. Er setzte auf Naivität im eigentlichen Sinn dieses Wortes – auf Natürlichkeit und Unschuld. Einfältig war er deshalb kein bisschen.

James Krüss zeigt das Dichten und Denken als das, was es ist: eine lustvolle, schöpferische Arbeit. Wenn man liest, wie die beiden Dichter, der zwölfjährige Ich-Erzähler und sein 86 Jahre alter Urgroßvater, in der Speicherkammer sitzen und ihre Geschichten und Gedichte mit Zimmermannsbleistiften auf die Rückseiten von Tapetenrollen schreiben, dann möchte man sofort mitdichten. Krüss verschont uns mit dem pathetischen Klischee des Dichters, der einsam mit Welt und Worten ringt. Spielerisch wird gedichtet; selbstverständlich ist Dichten Arbeit, aber ohne Freude taugt alles nichts. Bei Krüss ist Erkenntnisgewinn untrennbar mit Lustgewinn verbunden. So zwanglos fröhlich ging es in der deutschen Literatur selten zu.

Dabei ist Krüss durchaus ein Ernstmacher – aber eben ein sehr geschickter. Leicht und dezent lässt er seine Flaschenpost zu Wasser. Eine der Botschaften, die sie enthält, ist diese: Durch die Sprache kommt der Mensch zur Welt, durch die Sprache erkennt er sie. Die Sprache ist das probate Mittel zur Vermessung der Welt, in der Sprache gibt der Mensch ihr Form und Gehalt. Krüss geht noch weiter: Sprache gestaltet und verändert die Welt – die der Veränderung unbedingt bedarf. In »Mein Urgroßvater, die Helden und ich« spricht Krüss diese Überzeugung direkt aus. Im Anschluss an die »Geschichte von den hartgekochten Eiern«, einer Allegorie auf den Nationalsozialismus, lässt Krüss den Urgroßvater sagen: »Ich bin der Herr meiner eigenen Geschichten. Ich bestehe darauf, die Unvernunft zu zeigen, aber am Ende lasse ich die Vernunft triumphieren, weil ich der dummen Wirklichkeit ein Stück voraus sein will.«

Als »Mein Urgroßvater, die Helden und ich« 1967 erschien, war James Krüss erst 41 Jahre alt; dennoch ist es eine Art Testament (das Wort »literarisches Vermächtnis« dröhnt zu sehr). Mit der Stimme des Urgroßvaters spricht Krüss am Ende des Buches aus, dass er nicht für den Tag schrieb, sondern tiefer und dauerhafter zielte: »Eigentlich lebe ich ja noch eine ganze Weile über meinen Tod hinaus. Nicht unbedingt mit dieser Hose und diesen wollenen Socken und diesen schwarzen Schuhen. Aber als Figur. In dir. Und in den Büchern.«

Der Inselmensch James Krüss, geboren am 31. Mai 1926 auf Helgoland, gestorben am 2. August 1997 auf Gran Canaria, hat als Schriftsteller erreicht, was er wollte: Er hat Leser, in denen er lebt. Das ist, für alle Beteiligten, ein großes Glück.

Kümmeltürken

Gibt es bedrohte Wörter?

GROSS IST DAS ÖFFENTLICHE, vulgo geheuchelte Interesse der Deutschen an ihrer Sprache. Zwar reden sie bevorzugt Phrase, Gosse, Gewäsch, Blablabla, doch das beckmesserische Unterscheiden und Einsortieren in richtiges und falsches Deutsch betreiben sie handkehrum mit großem Eifer, fanatischer Akribie und persönlicher Inbrunst. Das gleichermaßen uninspirierte wie vorhersehbare Auswählen von gemeinem Allerweltsvokabular zu »Wörtern« beziehungsweise »Unwörtern des Jahres« wird mit gewaltigem medialem Aufwand betrieben und turnusmäßig in den Rang einer Nachricht erhoben. In Deutschland kann alles aussterben, niemals aber der Deutschlehrer. Wenn einmal alles versaftet oder weggeschmolzen sein sollte, so bliebe doch wenigstens ein Deutschlehrer übrig – wie Bastian Sick, dessen Nachnamen man korrekt allerdings besser englisch *ßick* aussprächt –, und monierte mit rechtwinkligem Rotstifthirn, was beim Untergang der Welt grammatikalisch und semantisch nicht korrekt und nach Regelwerk sich vollzog.

Das Delikt der Buchhalterei mit Wörtern hat Folgen. Auch Schriftsteller, also Menschen, die zur Sprache ein inniges Verhältnis haben müssten, flanschen sich an den Modemarkt der witzigen Deutschlehrerei an. Eine Truppe um Jakob Hein und Eva Menasse drückt sich Anfang 2007 Krokodilstränen ab und halluziniert zoologisch eine Spezies der »bedrohten Wörter«. »Täglich«, jammern die Wortschützer juvenilgreisenhaft, »entstehen neue Wörter, so genannte Neologismen.« Wie? Neue Wörter entstehen? Sprache lebt? Das muss unterbunden werden – oder wenigstens wollen die

Sprachschützer vorher um Erlaubnis gefragt werden. Dabei ist es die Aufgabe von Schriftstellern, die Worte zu finden, mit denen man die vielschichtige Wirklichkeit beschreiben, durchleuchten und zur Wahrheit verdichten kann. Ob diese Wörter alt oder neu oder sachdienlich erfunden sind, spielt dabei eine untergeordnete Rolle. Hauptsache, sie sind treffend in Gehalt und Klang.

Doch den Pflegern der bedrohten Wortwelt geht es um Nostalgie und Folklore. Sie behaupten, »gerade aussterbende Wörter verdien(t)en mehr Aufmerksamkeit; sie können Geschichte und Geschichten erzählen.« Ihr liebstes bedrohtes Wort ist der »Käseigel«, ein ulkiges Utensil auf Kleinbürgerfeierlichkeiten in den sechziger und siebziger Jahren des vergangenen Jahrhunderts. Es handelt sich dabei um einen halbierten, mit Aluminiumfolie überzogenen Weißkohlkopf, in dem in Viertelstückchen zerteilte, auf Plastikstäbe gespießte Käsehäppchen staken, manchmal garniert mit einer Olive, einer Weintraube oder einem Mandarinenstückchen. Doch weder um den antiquierten Käseigel selbst noch um die nicht minder angestaubte Vokabel muss man sich Sorgen oder sonst wie Tamtam machen. Der Käseigel ist, wie der Käsepieker, in der Welt und muss nicht künstlich am Leben gehalten oder aufwändig subventioniert werden. Jedes Wort, das einmal das Licht der Welt erblickte, hat die Chance, für immer zu bleiben – es kommt nur darauf an, ob es noch etwas zu sagen hat. Antiquiertheit um ihrer selbst willen ist manieristisch und deshalb langweilig.

Es gibt so viele normalschöne Wörter wie Gurkensalat, Logarithmus, Pfauenauge, Pflaumenaugust, Montanindustrie, Cremeschnitte, Schabernack oder Bad Salzschlirf. Man muss sie nicht in einer fürsorglichen Umarmung ersticken. Sie können sehr gut auf sich selbst aufpassen. Zwar gibt es Missbrauch mit Wörtern, doch auch die geschändeten Worte können sich wehren, indem sie ihre Geschichte und Herkunft erzählen oder erzählen lassen.

Blättern wir im anderthalb Kilo schweren etymologischen Wörterbuch der deutschen Sprache. Das Wort »Kümmeltürke« ist tatsächlich vom Aussterben bedroht. Kein denkender Mensch will es mehr in den Mund nehmen, seit es zu einer abwertenden, beleidigenden Vokabel herabgesunken ist. Dabei ist »Kümmeltürke« ursprünglich eine harmlos-flapsige Bezeichnung für einen Studenten aus der Umgebung von Halle an der Saale; diese Gegend wurde im 18. Jahrhundert wegen des dort betriebenen Kümmelanbaus scherzhaft »Kümmeltürkei« genannt.

Man muss sich nur vorstellen, wie ein rechtsgerichteter Hallenser Student, der vielleicht auch noch einer sogar schlagenden Verbindung angehört, sich mit der zufälligen Tatsache seines Deutschseins aufblähen möchte und deshalb Türken in schmähender Absicht als »Kümmeltürken« bezeichnet. Dieses deutsche Nationalwürstchen, das man auch als Nitritgöbelsalz bezeichnen könnte, ahnt es nicht einmal – aber wenn es »Kümmeltürke« sagt, spricht es ausschließlich über sich selbst. So schön ist die Sprache. Sie braucht keine Aufpasser und keinen Blockwart. Man muss sie lieben und ihr auf den Grund gehen, dann erfährt man alles.

Vom schlanken Staat zum Gourmetainment

DAS EXAKTE BESCHREIBEN, das Erkennen der Wirklichkeit ist für viele offenbar etwas so Unangenehmes und Furchteinflößendes, dass sie es vorziehen, die Realität rhetorisch zu maskieren. Das ist nicht neu; in den siebziger Jahren wurden Atommülldeponien als »Entsorgungsparks« bezeichnet. »Entsorgungspark«, das klingt so lauschig – sorgenfrei spaziert man unter Bäumen umher, wiegt sich melodisch in den Hüften, lind wehen die Lüfte, und die Piepmätze piepmatzen. In Wahrheit aber hängt der Himmel voller Geigerzähler.

Ein Gemeinwesen, das sich von der Idee des Sozialstaats verabschiedet, wird als »schlanker Staat« definiert, denn schlank ist gesund und richtig und attraktiv, und so muss alles »verschlankt« werden. Oder wollen Sie vielleicht einen dicken Staat? Nein, igittigitt, auf gar keinen Fall! Der wäre ja dick! Und dick geht nicht, dick ist doof. Zwar wäre ein dicker Staat für die meisten viel vorteilhafter als ein »schlank« genannter, doch gilt die Regel:

Beseitigen wir die Gedanken
Lasst uns die Köpfe verschlanken!

Damit dieser Prozess möglichst reibungslos sich vollziehen kann, muss die Sprache zum Schmiermittel werden, zur Gleitcreme. Angestellten oder Beschäftigten wird nicht gekündigt, und gefeuert oder rausgeworfen werden sie schon gar nicht – sie werden »freigesetzt«, das gibt vor allem dem Rausschmeißer ein besseres Gefühl. Selbst »Personalabbau« klingt nicht schlecht – wird da nicht über oder unter Tage Personal abgebaut, also gefördert? Mein Lieblings-Entlassungseuphemismus ist »abschmelzen«; »abgeschmolzen« wird »die Personaldecke«. Was für ein Bild: »die Personaldecke abschmelzen«. Wie macht man das? Mit dem Bunsenbrenner? Mit dem Schweißgerät? Und wenn man frisch »abgeschmolzen« wurde als Teil der »Personaldecke«, wie sieht man dann aus? Wie fühlt man sich? Wie Schmelzkäse?

Womit wir bei McDonald's sind, jener metastasenartig sich ausbreitenden Institution für das kulinarische Schnell- und Standgericht. Die Fettlettenfirma lockt die Kundschaft mit einem »Schmecktakel«; wer eben erst das Hugendubel-»Spar-Universum« oder eine andere »Geiz ist geil«-Hölle verließ, dem mag wohl nach einem »Schmecktakel« zumute sein, bei dem es auch einen »McDeLachs« gibt, also einen »de luxe«-Lachs respektive einen McLuxusLachs. Luxus bei McDonald's? Beim Verschlanken und Abschmelzen der Welt kommt der Sprache eine herausragende Rolle zu.

McDonald's gibt es nicht nur für den Mund, sondern auch für den Restkopf. Das heißt dann RTL; einer der dort aktiven Witzbolde, die »Comedians« heißen, weil sie alles sind, nur keine Komödianten, hat sich an den Publikumstrend angeflanscht, gleichzeitig zu essen und anderen feixend beim Arbeiten zuzusehen. Dieser Bernd Stelter veranstaltet mit dem Sternekoch Jean-Marie Dumain vom Bonner »Haus der Springmaus« sogenannte »Tafelspitzen« und verspricht »einen sinnlichen Genuss für Gaumen und Geist«. Denn wo die Inflationsvokabel »sinnlich« waltet, da droht, in Zwangskoppelung, unbedingt auch der »Genuss«, der ganz vorzüglich mit der Einheitspartei namens Gaumen und Geist alliteriert. Das ist der Gaumen, der schüttelt die Pflaumen, das ist der Geist, und der –? Hat noch die Schlafbrille auf und mümmelt umnachtet: »Guter Wein, delikates Essen und spaßige Unterhaltung garantieren Gourmetainment pur.«

»Gourmetainment pur« – an ihrer Sprache kann man sie erkennen. Die furchtbare Sitte, das Adjektiv »pur« an ein beliebiges Substantiv zu hängen – sehr häufig: »Genuss pur« und »Entspannung pur«, weit seltener »Purpur pur« oder »Idiotie pur« –, ist schon deshalb unbegreiflich, weil man dabei immer an die schwäbische Schmalzkapelle »Pur« denken muss. Aber »Gourmetainment«, also Gourmet-Entertainment, und das auch noch »pur«: Doch, das gönne ich allen Beteiligten aus vollem, unverschlanktem Herzen.

Tomaten im Herbst

Ein Mitgefühl

NOVEMBER IST ES, HERBST, und beinah Winter schon, / Harsch, ruppig wüten Winde um die Fenster, / Und drinnen, so man's warm hat, klingt ihr Pfeifen heimelig und höchst gemütlich.

Doch draußen, auf der Straße, ist es nicht so niedlich, / Da reißt ein scharfes Wehen mir den Hut wild-ungestüm vom Schädel, / Ich lauf dem Borsalino lachend hinterher und fang den schwarzen Filz, den guten Hüter meiner Rübe, / Stülp ihn mir fester auf die Omme. Dies Wort kommt nicht, dass ihr es wisst, vom OM-Gesäusel der Erleuchtungsmafia; / Es heißt schlicht Birne, Kösel, Keite, Kopf.

Auf meinem heißen Herd dampft eine gelbe Kürbissuppe sämig-dick im Topf. / Sie sagt, sie muss noch ziehn – wo zieht sie's hin? / Zu all den andern Kürbiskindern? / Ist sie denn scharf auf Halloween?

I wo! Ach was! Mit Modetüneff hat die Suppe keinerlei Verträge. / Sie will nur ganz für sich noch ziehen, Suppe werden, / Geduldig harren aller Schönheit, die man ihr noch tun kann, als da wären: / Kumin, Kurkuma, Krabben / – So viele Ks, da komm ich durcheinander, / An Kürbiskernöl denk ich noch, an Koriander, / An alte Kinder-Abzählverse, / An lustige, unschuldig polymorph-perverse.

(Stimme eines Sechsjährigen kräht): »Ko-ri-an-der, Arsch aus-ein-an-der, Arsch wieder zu, und aus bist du!«

Dabei zieht Kürbissuppe auch noch andre Komponenten, / Und Konsonanten und Konsorten auch: / SS wie Grass und Saure Sahne, / Auch W wie Weißwein, P wie Pfeffer, S wie

Salz, M wie Muskat. / Wie umsichtig der Koch, der alles dies, / Bis auf den Grass, / im Haus hat.

Im Radio der Sprecher plärrt von Pleite. / Die Hauptstadt bläht sich, die sonst nichts gelernt hat, / Als aggressives Betteln: »Haste mal ein paar Milliarden?« / Berlin, die Künstler ab drei Groschen abwärts sind das Kapital der Stadt, / Die den, der sie regiert, den Gummimann, den Knuffigtuer, / Teils so was von verdient, teils satt hat.

Das Radio erwähnt noch andre Fittis, / Soldaten, die mit Totenschädeln spielen. / Das ist kein Grund sich zu erregen. / Was solln sie tun? / Sie können doch nichts andres / Als ihre kümmerlichen Schwänze Kameradenkameras zu präsentieren. / Ein Mann, der gut bei Waffen ist, muss keine Knarre tragen. / Kuckt euch die Mickerlinge an: / Haben sie nichts zum Morden, / Dann graben sie Skelette aus dem Sand, / Und spielen Mann – also exakt, was sie nicht sind noch werden.

Der Kürbissuppe geht's gedeihlich, / Dem Kochenden wird so die Zeit nicht lang noch weilig, / Dem Radio entquillt, was man im Funk Musik nennt. / Man bringt den Apparat zum Schweigen: Zack! / Und nichts mehr existiert, / Berlin nicht, nicht Soldatenpimmel, / Kein Medienpapst / Und die Strukturreform? – Verschwunden. / Frieden ist. / Die Suppe darf nun munden.

Das Auge, das nicht mitisst, auch wenn Schwallos das behaupten, / Schweift hier- und dorthin, endlich zum Balkon. / Dort braust der Wind, kämmt einen Rosmarin, zerzaust den Salbei / Und zerrt und rüttelt roh an drei Tomaten / Die grün bis hell orange im Staudenkraute hängen. / Sie haben's nicht geschafft, sie sind nicht reif geworden. / Ihr Blick geht flehentlich zu Glastürfensterscheiben, / Und ahnt doch, was dort angeschlagen steht: / Wir müssen leider draußen bleiben.

O Not, o der Tomaten im November! / Ich bitt euch: Lasst sie jetzt nicht hängen! / Sie tragen so ein schweres Schicksal, so ein bitterkaltes Päckchen! – / Strickt, alle, die ihr stricken könnt, / Rasch ihnen warme Handschuh, Mützen, Jäckchen!

Alles rennet, biket, latschet

Die Bonbonbunten sind unter uns,
im Wald und auf den Straßen

EINE GUTE SACHE IST DER SPORT für den jungen Menschen. Im Alter von fünf bis siebzehn war ich täglich in Bewegung, schwamm, tauchte, spielte Tischtennis, Hand- und Basketball, turnte, ritt, fuhr Ski – und lief. Nicht nur auf der Aschenbahn oder in der Turnhalle, sondern bevorzugt durch Wiesen und Wälder, über weichen, federnden Boden, füllte die Lungen mit Sauerstoff und kühlte und schärfte den jugendlich aufrührerischen Geist.

Sich die Pubertät, diese lästige und beschwerliche Lebensphase, vom Leibe und von der Seele zu wetzen, ist instinktiv klug und weise. 16 war ich, als meine Mutter meine Lieblingsjeans, die ich in liebevoller, aufwändiger Arbeit selbst geflickt hatte und die auch nur noch aus Flicken bestand, mit der Schneiderschere schnipp-schnapp in kleine Streifen schnitt. Die Hose war unrettbar zerstört und verloren. Ich war außer mir vor Zorn über diesen Verrat, diesen Akt der Barbarei. Zwanzig oder mehr Diskussionen über diese Hose hatte ich durchgestanden, aber jetzt wurde nicht mehr diskutiert, jetzt wurden dumpf autoritär Tatsachen geschaffen. In meiner Abwesenheit, während ich in der Schule war – wie feige, wie schäbig, wie schändlich!

Ich sprang in Turnhose, -hemd und -schuhe und rannte meine Haustrainingsstrecke, etwa sechs bis sieben Kilometer, gleich dreimal hintereinander. Was ich in Gedanken mit meiner Mutter tat, hatte mit ödipalen Wünschen nichts zu tun, ganz im Gegenteil. Doch als ich erschöpft meine letzte Runde gedreht hatte und unter der heißen Dusche stand, war die Wut verbrannt und der Zorn verraucht. Und kurze Zeit später entdeckte ich, dass es Wesen von großer Zartheit und Süße gab, Mädchen hießen sie. Von da an war ich für die Welt des Sports ohnehin verloren.

Bei manchen Männern hört das Rennenmüssen niemals auf, andere entdecken es später, mit etwa Mitte dreißig, wenn die männliche Pubertät sich wirklich dem Ende zuneigt. Es sind in der überwiegenden Mehrheit Männer, die dem Laufen frönen, und von der 35plus-Fraktion erfährt man, wenn man Pech hat und einmal im Café an einen Läufer-Nebentisch zu sitzen kommt, worin der Reiz liegt. Sonst geht es ja eher bergab mit der physischen Leistungsfähigkeit, aber beim Langstreckenlaufen kann sogar noch eine Steigerung erzielt werden. Die meisten dieser Kerle sind außerdem Familienvattis und laufen also mit Grund. Wer sich erst Frau und Kinder angeschafft hat, weiß, wovor er wegrennt.

Wie aus dem guten, alten Fahrradfahren das *Biken* wurde und aus dem Spaziergang das unwürdig luftstochernde, hinfällig todkrank aussehende *Nordic Walking*, ist auch das Laufen eine technisch und finanziell aufgerüstete Mode-, Status- und Prestigeangelegenheit geworden. Schuhe kauft der Experte im »Runner's Point«, er bezieht mehrere Laufzeitschriften, und ohne Spezialklamottage für ein paar hundert Euro braucht man sich erst gar nicht blicken zu lassen. Gern wird durch die abgasgeschwängerte Stadt gelaufen, auf Trottoir und Asphalt, damit man sich nicht nur die Lunge, sondern auch die Gelenke kompetent ruiniert.

Äußerlich hat das fanatische Joggen verheerende Folgen. Das Ledrige, Sehnige, Abgezehrte und Ausgemergelte ist das ästhetische Ideal, dem schwitzend und keuchend hinterhergeeifert wird. Wenn man so einen Schwindling im Laufschritt über den Bürgersteig ächzen sieht, fragt man sich mit Tschechov, wie so ein Zwieback wohl mit seiner Frau schläft.

Aber die läuft ja vielleicht auch, dann gibt es wechselseitig blaue Hochleistungsflecken.

Komplett ist der laufende Freizeithirsel mit Discman oder iPod, den er sich auf den Kopfnüschel klemmt, damit der anschließend auch garantiert rückstandsfrei ausgeblasen ist, wie ein Ei zu Ostern, das an einem Fädchen in die Zweige gehängt wird. Bei einem Berliner und einem Kölner Marathon sah ich den laufenden Großgruppenheinis zu. Ich bin ein gefühlsbetonter Mensch, und genau deshalb wollte mein Mitgefühl beim Anblick dieses Massenelends einfach nicht fließen.

Wenn die Volksgesundheit wackelt

DER DEUTSCHE STAAT STEHT KOPF. Von seinen angestammten Terrains hat er sich zurückgezogen und das Feld sogenannten »privaten Anbietern« überlassen – sodass beispielsweise die Qualität der Krankenpflege ausschließlich den Gesetzen des Profits unterworfen ist. Statt sich um das zu kümmern, was des Staates ist, mischt sich der Staat immer stärker in das ein, was ihn nichts angeht: das Privatleben seiner Bürger. Der deutsche Innenminister Wolfgang Schäuble ist, zurückhaltend gesagt, ein Sicherheitsfetischist, der den Bürger gern rund um die Uhr überwachen und ausforschen möchte – alles aus guten, präventiven Motiven, versteht sich. Das wäre nicht weiter beunruhigend, wenn es eine wache, selbstbewusste Öffentlichkeit gäbe, die individuelle Freiheitsrechte gegen die Begehrlichkeiten eines vom Sicherheitslückenschließen besessenen Ministers verteidigte. Aber die Deutschen sind eher nur zu bereit, sich ihre Rechte nehmen zu lassen. Gelernt ist gelernt, der Untertan wohnt vielen Deutschen inne und lässt sie reflexhaft Gehorsam absondern.

Was ein guter Bürger ist, bestimmt nicht er selbst, sondern der Staat. Ein Raucher ist ein schlechter Bürger – nicht, weil er sich selbst schadet, sondern weil er sogenannte »Folgekosten« verursacht, die »von allen getragen werden müssen«, wie es dann säuerlich heißt. So leicht kann man zum Volksfeind werden, zum »Volksschädling« – wie das in deutscher Denkungsart heißt, in der Denken nicht Fragen bedeutet, sondern, im Gegenteil, den germanischen Sonderholzweg namens »Eine Sache konsequent zu Ende denken«, und so final ist es dann auch. Das trübe Gerede von Volksgesundheit und Volksgemeinschaft erfährt eine Reanimation; im Mai 2007 entdeckten der damalige deutsche Verbraucherschutzminister Seehofer und seine Leute das Übergewicht als Quell des Übels. Bis zu 70 Milliarden Euro sollen die Krankheiten kosten, die durch falsche Ernährung entstehen, und bezahlen muss wieder einmal der Volkskörper, also das Phantom namens »Wir alle«, das immer aus der Trickkiste herausgekramt wird, wenn in der Währung moralischer Soße gerechnet wird, weil eine andere nicht mehr vorhanden ist. Dieses künstlich erzeugte »Wir alle«-Kollektiv soll in pekuniäre Panik versetzt und gegen das meist unterprivilegierte Übergewicht in Stellung gebracht werden.

Ob die Zahlen, die in den Ring geworfen werden, überhaupt seriös sind, weiß niemand; es geht vielmehr darum, die Beißreflexe einzuüben: »Kuck mal da, der Dicke, für den müssen wir die hohen Krankenkassenbeiträge zahlen! Oder da, dieser labile Raucher – für so was soll ich mich krummlegen?« So reden sie dann im Jeder-gegen-jeden-Land, und je mehr Leute mitjabbeln, desto weniger bemerken sie, wie verrückt sie sich haben machen lassen.

Es gibt falsche Ernährung, es gibt industriell hergestellten Massenmampf, der nicht gesund ist und, entscheidend, der nicht schmeckt. Nach Paragraph eins der allgemeinen Weltgeschäftsordnung heiligt der Profit jedes Mittel, und was verkauft werden kann, wird verkauft, auch wenn es sich um Giftmüll handelt. Man könnte die Herstellung von Billigpampf erschweren oder sie, als vorsätzliche Körperverletzung, unter Strafe stellen. Nichts davon haben der Staat und seine Vertreter vor, denn dazu müssten sie die Geschäftsordnung ändern.

Stattdessen setzen sie auf angst- und neid-instinktive Mobilmachung, auf soziale Ächtung derer, die sich von den Produkten der Lebensmittelindustriehalunken ernähren. Das hat mit den Rauchern schon gut geklappt, nun kann man es mit den Übergewichtlern tun – während man umgekehrt den Gute-Bürger-Strebern Fleißheftchen schenkt, in die sie ihre guten Noten eintragen können, in Fächern wie »richtige Ernährung« und »ausreichend Bewegung«. Wer das Gesundheitssystem gar nicht erst in Anspruch nimmt, belastet es nicht. Die Entmündigung wird mit Prämien versüßt: Wer brav ist, zahlt weniger und darf sich noch in dem Gefühl sonnen, nicht nur ein guter Bürger zu sein, sondern auch ein besserer, wertvollerer Mensch als die disziplinlosen Raucher und Fresser.

Wenn jemand von sich aus und für sich gesund leben will, ist dagegen nichts zu sagen, er muss sich deshalb nicht schämen. Sich gut zu ernähren, sich zu bewegen, Freude zu empfinden, wenn man sich laufend, schwimmend, radelnd, kraxelnd verausgabt, ist gut und schön – aber, wie auch die Religionsausübung, eine reine Privatangelegenheit. Kein Staat hat sich da hineinzumischen, es geht ihn nichts an. Fehlt dem Staat und seinen Organen dieses Grundverständnis, hat er sich in einen zudringlichen, bevormundenden Apparat verwandelt.

Es gibt ein Recht auf Rausch und auf Unvernunft – die menschliche Psychohygiene verlangt danach, sie ist so strukturiert. Und der schöne Ruf, ein Volksfeind zu sein, soll doch bitte hart erarbeitet werden. Früher musste man dazu mindestens schwul, Jude, schwarz oder Kommunist sein, am besten alles auf einmal – dass rauchende, unbewegliche, übergewichtige Sitzsäcke in den Rang von Volksfeinden erhoben werden, haben sie nicht verdient. Beim Kollektiv der Guten lieber nicht dabei sein zu wollen, ist schließlich eine Frage der Haltung und kann nicht simpel erraucht und ersessen werden.

Den Alltag teilen

WER WAR ES? Wer brachte die Idee zur Welt, Männer und Frauen sollten gemeinsam »den Alltag teilen«? Wer ventilierte diesen Krampf? Namentlich ist der Verbrecher nicht mehr dingfest zu machen, aber das Zeug ist in der Welt, hartnäckig und unausrottbar: gemeinsam den Alltag teilen. Und immer schön die Treuepunkte und die Rabattmarken sammeln.

Dabei hört sich das ja nicht einmal gut an. Den Alltag teilen – das klingt schon so faszinierend wie eine Rolle Haushaltspapier oder eine randvolle Kinderwindel. Es gibt aber Frauen, die ein ganz besonderes Glitzern in die Augen bekommen, wenn sie die fieseste aller Dealerformeln ausraunen: Gemeinsam den Alltag teilen ... komm, der erste Tag ist umsonst ...

Was ist da los? Wird Personal gesucht? Ein Hausmeister? Ein Kerl fürs Lästige, der einem etwas in Ödnis und Überlastung geratenen Damenleben den Popo abputzt und die vergoldete Mütze aufsetzt? Und sich auch brav um die zuvor mit anderen Herren angefertigten Kinderchen kümmert? Zwar wurden diese Herren inzwischen wieder abgeschafft beziehungsweise nahmen sie längst Reißaus, ihre Hinterlassenschaften aber sind noch da. Dafür wird der Alltagteiler benötigt. Der nützliche Idiot ist eine Standardfigur strategisch operierender Kommunisten; Frauen haben dieses sympathische Menschenbild aber auch im Arsenal.

Es ist schließlich so praktisch, sich einen handzahmen Allzweckfredie anzuschaffen, der sich den eher unangenehmen Daseinsaspekten widmet und sich ein Leben überstülpen lässt, das nicht seins ist und das er nie haben wollte.

Am besten nimmt die kühl kalkulierende Dame sich einen von der Sorte doof, aber dankbar. Die gehen am reibungsärmsten und halten auch schön lange, mit denen kann man astrein den Alltag teilen respektive ihnen die Lebensrieselfelder überhelfen. Was so ein zurechtpädagogisierter und psychisch eins a zugerichteter Muttiverlustangstheini ist, macht quasi alles mit. Dem kann man sogar noch ins Gesicht sagen, dass es heutzutage ja so schwer ist, gutes Personal zu bekommen. Der lässt sich auch noch loben, wenn er fein das Stöckchen geholt hat.

Gemeinsam den Alltag teilen ist der Euphemismus dafür, die Banalitäten des Lebens im Trotteltrott breitzulatschen. Man kann sich dann auch sehr schön die immergleichen Geschichten erzählen und sich dabei dennoch regelmäßig darüber wundern und am besten noch beschweren, wie grau und lahm und fade das Leben ist. Schuld ist selbstverständlich der Heinz respektive die Heinzin, den respektive die man sich zum Alltagteilen herangeholt hat und mit denen man im Lebensmatsch herumsitzt. Heinz oder Heinzin sind dann eben doch nicht so prickelnd, wie man selbst nie war.

Ich kann nicht behaupten, die Kunst des Lebens zu beherrschen. Möglicherweise besteht sie darin, die gemeinhin Alltag genannten, eher vulgären Lebenskomposita so klein wie möglich zu halten, sie leicht und spielerisch zu handhaben und die freie Sicht auf den großen, magischen Lebenskontinent nicht zu verlieren.

Das ebenso unsittliche wie faszinationsarme Angebot aber, einen gemeinsamen Alltag teilen zu sollen, ist eine heimtückische Offerte, wenn nicht Offensive. Sie souverän auszuschlagen vergrößert unbedingt die Glücksaussichten.

Wort des Jahres: Trittbrettficker

DIE GESELLSCHAFT FÜR deutsche Sprache gehört dem horizontalen Gewerbe an. Bereits seit 1970 kürt dieser Verein das sogenannte »Wort des Jahres« und zeigt dabei keinerlei Freude an schöpferischer Arbeit. Sondern kennt nur das Idiotiekriterium Quote: Massenhaftigkeit ist der einzige Schlüssel. Was medienmaximal durchgehechelt wurde, hat es geschafft.

Jedes Koordinatensystem braucht eine Vertikale und eine Horizontale, sonst ist es keins. Die Gesellschaft für deutsche Sprache verzichtet auf die nach oben zielende Vertikale und legt sich hin. Zum Wort des Jahres 2005 kürte sie »Bundeskanzlerin«. Das fanden sprachferne Medienbordsteinschwalben wie Alice Schwarzer oder Christiane Scherer alias Thea Dorn entsprechend schön und schwesterzwitscherten es durch das mit ihrer tätigen Hilfe noch zügiger verblödende Land.

2006 war die Gesellschaft für deutsche Sprache um ein weiteres Jahr heruntergekommen. Der ideen- und mutlose Haufen suchte als Wort des Jahres »Fanmeile« aus. Platz zwei der Liste belegte das *Spiegel*-Titelwort »Generation Praktikum«, auf Platz neun und zehn landeten die *Bild*-Vokabeln »Klinsmänner« und »Schwarz-Rot-Geil«. Prämiert und damit multipliziert wurden nicht Worte, sondern, im Gegenteil, medialfäkale Getüme.

Professor Rudolf Hoberg, Vorsitzender der Gesellschaft für deutsche Sprache, begründet die Kapitulation vor dem Schlamm der Massenmedienmacht salbungsvoll so: »Wir bemühen uns, Wörter zu finden, die für das Jahr repräsentativ sind.« Das tut bescheiden, klingt latent verklemmt und ist im Kern eitel dummstolz: »Wir bemühen uns.« Wenn man in einem Arbeitszeugnis über jemanden liest, er habe sich »stets bemüht«, dann weiß man: Der hat es nicht nur nicht hingekriegt, der hat es komplett vergeigt.

Das Ausweichgerede, man wolle nicht wählen und schon gar nicht werten, sondern nur abbilden oder beschreiben, hat schon die Gesellschaftswissenschaften auf den Hund gebracht. Das scheinbar ausschließlich Deskriptive ist eben nicht neutral, sondern im Gegenteil Bestätigung und Bekräftigung des vorgefundenen Elends. »Fanmeile« könnte aus Sebastian Haffners Definition des Faschismus stammen: uneingeschränkte Herrschaft der oberen Klassen bei gleichzeitiger totalmobilisierter Begeisterung der Massen. »Schwarz-Rot-Geil« eben, aggressiv verbreitete Konformismusware.

Die wahren Worte muss man alleine finden oder erfinden; den Stümpern von der Gesellschaft für deutsche Sprache darf man das auf gar keinen Fall überlassen. Mein Wort des Jahres 2006 war: Trittbrettficker. Es stammt aus keiner Zeitung, kein Sender flüsterte es mir – es kam aus dem Leben selbst zu mir, legte sich auf meine Zunge und verlangte, als Wort geboren zu werden. Ich erfüllte dem Wort seinen Wunsch, spie es aus und entließ es in die Welt: Trittbrettficker.

Wer oder was ein Trittbrettficker oder, westfälisch, *Trittbrettfickò* ist, braucht wohl nicht erklärt zu werden. Ein Minimum an Auffassungsgabe muss ein Autor von seinen Lesern erwarten dürfen. So viel aber kann ich sagen: Es ist sehr unangenehm, jemanden auch nur in der Vergangenheitsform in seiner Nähe gehabt zu haben, auf den das Wort Trittbrettficker zutrifft.

Dass es im großen Menschengarten auch parasitäre Lebensformen gibt, ist nicht neu. Der liebe Gott lässt alles wachsen, auch das Gesocks. Es gilt aber auch: Das allgemeine Wissen um einen Gegenstand ist eine Sache, die persönliche Konfrontation damit eine ganz andere. Man will das erst gar nicht glauben: dass einer im schönen, ihn wärmenden Mantel der Freundschaft gehen und als hinterrückser Schleicher sich entpuppen kann. Und doch ist es so. Es dauert seine Zeit, bis man diesen Happen gekaut und verdaut hat. Dann aber hat man sie vom Hacken: den Trittbrettficker, die Dame, die er unbedingt besitzen musste, und jene, die ihn stützten. Ihnen allen gilt der Gruß:

Es fällt nicht leicht und ist doch schön:
Das Wort Auf Nimmerwiedersehn.

Biermann, ein Produkt der Staatssicherheit

Der Klassenkampfkasper Wolf B. wurde 70 Jahre alt

Am 15. November 1936 kam Wolf Biermann in die deutsche Welt. Das gab den Kulturkanälen des Landes 70 Jahre später Anlass, noch einmal die ulkigen Faxen auszustrahlen, die Wolf Biermann zum Zwecke seiner Selbstsegnung ersann. Es ist viel Drolliges dabei: Das Oberhemd offensiv tief aufgeknöpft, wühlt der Mann effekthascherisch in den Saiten einer Gitarre herum, dzoii-oii-oiingt, crescendet und zerrt eine Art Halbstarkenflamenco aus dem gemarterten Instrument, legt den Kopf schief, rollt wild und bedeutungsvoll mit den Augen, grient verschmitzt und hebt an zu nöddeln: »O-o-o, ich bin's, ho-ho-ho, ich, der kleine Biermann, ist das nicht großartig, ich, ja-ho-ho-ho …«

Seit Jahrzehnten führt Wolf Biermann das immergleiche Klassenkasperletheater auf, das nur einen Inhalt kennt: Wolf Biermann. Und der sei, verkündet die Legende nach Hausmacher Art, nicht nur ein furchtbar mutiger Kerl, sondern auch ein Sänger und Dichter, die Reinkarnation von mindestens Heine, Shakespeare oder Wasihrwollt, aber hallo, trööööt!, und Goethe war er selbstredend auch, rampampampam. Noch dem gutgläubigsten und strapazierfähigsten Publikum hat Biermann längst die Trommelfelle gestrichen vollgemacht mit seiner Heldensoße.

Nur einer ist noch nicht ermüdet und entnervt vom Eitelpickel Biermann: der Penetrator persönlich. In sich selbst hat er einen unermüdlich begeisterten Zuhörer. Ergriffen lauscht er sich, wenn er ergriffen spricht, zu seinem einen Thema: Wolf Biermann, sein Leben und seine große Bedeutung. »Hätten wir einen Victor Hugo – er müsste einen großen, großen Roman daraus machen«, entquillt es ihm salbungsvoll im *Spiegel* (44/06). Keinen großen, nein, »einen großen, großen Roman«, mit ihm als einsfünfundsechzig großer, großer Hauptfigur: Mit weniger kommt die Welt nicht davon, wenn es nach Biermann geht. Sprache sagt alles; das gilt auch für das hochtoupierte, aufgebauschte Zeug, das Wolf Biermann von der deutschen Sprache übriglässt.

Wie ist der Mann geworden, was er wurde? So wird doch niemand freiwillig. Ist am Ende mal wieder die olle DDR an allem schuld? Die Stasi? Ich fürchte, ja. Rund 400 hauptamtliche und inoffizielle Stasi-Mitarbeiter füllten Dutzende von Aktenbänden mit Berichten über Biermann – so bläst man einen auf, der aufblaswillig ist, mobilisiert das Potential zum Größenwahn und schöpft es bis zur Neige aus. Ein solches Ausmaß an paranoider Beschäftigung mit einem einzigen Menschen suggeriert ungeheure Bedeutung – ganz egal, was für Belanglosigkeiten die eifrigen Spitzel am Ende aufnotierten.

Wolf Biermann ist ein originäres Produkt der DDR-Staatssicherheit. Statt ihn souverän gewähren und den wilden Mann spielen zu lassen, baute die Gedankenpolizei Biermann systematisch zum Mythos und zum Märtyrer auf. Das 1965 verhängte Auftrittsverbot legte nahe, Biermanns Künsten wohne Gefahr inne. Damals wollten viele diesem Fehlurteil folgen, in dem sich Biermann und Stasi vollendet einig waren.

Es folgten das Konzert am 13.11.1976 in der Kölner Sporthalle und die Ausbürgerung Biermanns aus der DDR – die sich, von der Westseite betrachtet, rasch als eine Einweisung Biermanns in die Bundesrepublik erwies. Der Westen hatte den Sack am Hacken, und er hörte und hörte nicht auf zu krakeelen, zu ningeln, sich zu blähen und zu spreizen. Hätte man ihn nicht gegen 30 Pfennig Flaschenpfand zurückgeben können? Der Kalte Krieg verhinderte auch diesen Akt der Vernunft und der Menschlichkeit. Im Westen fand Biermann gleichgesinnte Feuilletonisten, also Mitmischer, Strippenzieher und Simulanten. Die Medienpartner-Kameraden halfen, die Mär vom Drachentöter Biermann in der Welt – oder doch wenigstens in der Springer-*Welt* – zu verbreiten. Doch das Verfallsdatum der von Biermann selbst stets als Markenprodukt feilgebotenen Ware Biermann war seit November 1976 abgelaufen. Anfangs wollte kaum jemand das bemerken, die ganze Aufregung war doch zu schön. Biermann selbst hat es als Einziger bis heute noch nicht gemerkt. Knötternd steigt der vorlaute Gammelclown auf alle Stühle, winkt, »Hier bin ich! Hier bin ich!«, verströmt als routinierte rhetorische Nebelmaschine Eigenweihrauch en gros, stellt sich ins Spiegelkabinett und freut sich stolz über die vielen Zuschauer – oder, wie er sagen würde: über »die vielen, vielen Zuschauer«.

Glaube und Privatwehwehchen

Mit religiösen Gefühlen gern bitte auch mal spielen

Kaum ein Tag vergeht, an dem nicht öffentlich von religiösen Gefühlen die Rede ist, und immer ist der Inhalt der Meldungen, dass diese religiösen Gefühle verletzt wurden. Als aufgeklärter säkularisierter Mensch am Beginn des 21. Jahrhunderts fragt man sich schon, ob es nicht Nachrichten von größerer Dringlichkeit und Wucht gibt. Will denn in China gar kein Sack Reis mehr umfallen? Man kommt aus dem Staunen nicht mehr heraus: Das religiöse Gefühl, das doch eine reine Privatangelegenheit ist, wird öffentlich breit und breiter getreten.

Was ist ein religiöses Gefühl, und wo im Menschen ist es angesiedelt? Wo sitzt es genau? Man weiß es nicht, aber immerzu erklären schnaubende, schäumende Menschen, sie seien in ihren religiösen Gefühlen verletzt worden. Es scheint also zum Wesen des religiösen Gefühls zu gehören, dass es im Aggregatzustand der beleidigten Leberwurst daherkommt. Dabei macht es keinen Unterschied, ob der Träger dieses Gefühls sich als Christ oder als Muslim empfindet – in der Hauptsache ist er verletzt. So ein religiöses Gefühl ist offenbar äußerst praktisch für Menschen, die gern verdrossen, übellaunig und wütend sein möchten.

Anlass der Wut ist bevorzugt die Kunst; eine respektlose Karikatur oder eine Operninszenierung, die aus gutem Grund kaum jemand freiwillig angesehen hat, erhitzen allein auf Basis von Gerüchten die Gemüter. Ich kann schlechte Kunst so wenig leiden wie schlechtes Essen oder schlecht gespitzte Bleistifte; auch die Kunst ist ein Lebensmittel, und Gammel sollte man sich nicht zufügen. Die öffentlich vorgetragene Abneigung aber resultiert ja eben nicht aus dem Widerwillen gegen stümpernde Zeichner oder Regisseure, sondern allein aus der Behauptung, schon wieder sei das religiöse Gefühl ganz schlimm verletzt worden. Dieses Geheule ist unmännlich und memmenhaft; früher überließ man Gefühle dieser Preisklasse den Betschwestern und alten Jungfern dieser Welt. Heute wollen Millionen von »Wir sind Papst«-Jahrmarktschreiern und muslimischen Barttägern mitflennen. Müssen sie wissen – weiter ernst zu nehmen braucht man öffentlich ausgestellte Privatwehwehchen aber nicht.

Doch jener Teil der medialen Öffentlichkeit, der noch jede Sau durchs Dorf treibt, wenn Auflage, Quote und das Gefühl persönlicher Bedeutung dabei herausspringen, ist beim Händeringen nicht nur dabei, sondern vorneweg. Im Zusammenhang mit der Absetzung einer Operninszenierung las man im Oktober 2006 auf der Seite eins der *taz*: »Keine Frage, der Islamgipfel ist ein historisches Ereignis.« Denn: »Der Gipfel war mehr als nur ein Fototermin.« Wenn alles, was mehr als ein Fototermin ist, zum historischen Ereignis wird, gibt es täglich ein paar Milliarden historische Ereignisse. Der Wunsch nach Wichtigkeit hat schon manchen Journalisten seiner Restgrütze beraubt.

Feridun Zaimoglu, bekennender gläubiger Muslim und im Schlepptau von Günter Grass 2005 als Reklameonkel für die Sozialdemokratie vollends zur Seife geworden, verkündete zur selben Zeit und ebenfalls in der *taz*: »Ich plädiere für die Freiheit der Kunst, doch mit religiösen Gefühlen sollte nicht gespielt werden.« Es war das gedankenfreieste »doch« in der Literatur, und plötzlich taten mir die religiösen Gefühle richtig leid. Keiner soll mit ihnen spielen? Das ist gemein (oder, wie die Band Ideal sang: »so gemein, hundsgemein«). Auch religiöse Gefühle fangen ja klein an;

man muss sich nur vorstellen, dass sie von allen anderen Kindern gemieden und geschnitten werden – allenfalls patriotische, vaterländische, nationale Gefühle, mit denen kein vernünftiger Mensch etwas zu tun haben möchte, spielen noch mit den ihnen nahe verwandten religiösen Phantomgefühlen. Wäre das nicht fies?

Also gilt: Haben wir Mitleid, zeigen wir Mitgefühl – spielen wir mit religiösen Gefühlen. Sie sind zwar nicht besonders helle und meistens auch ziemlich langweilig, aber wir sollten sie schon aus eigenem Interesse nicht der ihnen innewohnenden Humorlosigkeit überlassen. Spielen wir mit religiösen Gefühlen wie mit Körperteilen, die wir besonders gern mögen. Dameln und dölmern wir mit religiösen Gefühlen herum – anders werden ihre stolzen Besitzer niemals lernen, dass auch der schönste Glaube keine Legitimation dafür ist, andere Menschen zu belästigen.

Knut und Knute

DAS DELIKT HEISST KITSCH mit Tieren, doch das Tier kann nichts dafür. Der mit dem Knuffignamen Knut ausgestattete Eisbär im Berliner Zoo war unzweifelhaft äußerst niedlich anzusehen: drollig, tapsig und flauschig, wie es einem Tier seiner Art und seines Alters entspricht. Gegen ihn, den Knut Genannten, will ich nichts sagen. Schließlich bin ich selbst Sternzeichen Eisbär: grimmig, flauschig, schnell.

Seltsam jedoch gestalteten sich die Aktivitäten ausgewachsener Menschen, die aus der Existenz eines Zootieres machten, was dann »internationales Medienereignis« heißt. Der am 5. Dezember 2006 geborene Bär wurde am 23. März 2007, wie es hieß, »der Weltöffentlichkeit vorgestellt«. 500 Journalisten aus aller Welt waren dabei, der deutsche Umweltminister Sigmar Gabriel übernahm die Patenschaft, das Tier überlebte. Überflüssigkeitsorgane wie *Bild, B.Z.* oder *Vanity Fair* kreierten, was sie einen »Superstar« nennen. Der Bär wurde zur Bärenmarke und Knut eine Knute, eine mediale Geißel.

Was folgte, waren organisierte Affektaufwühlungen. Als zu Ostern 2007 zehntausende Menschen in den Berliner Zoo drängten, ohne zu ahnen, wie sehr sie der christlichen Tradition folgten, das mediale Totemtier bestaunten und im Chor »Nein, wie süüüüß!« kreischten, kam es zu Besucherstaus, die wiederum Unmut, Wut und Prügeleien unter frustrierten Zwangswartenden auslösten. Auch das war nur neues Futter für die mediale Verwertungsmaschine; seitdem der Knut genannte Bär den Status einer Sensation zugeteilt bekam, wurde alles, das mittelbar mit ihm zu tun hatte, selbst zur Nachricht.

Mehrmals täglich gab es neue Depeschen von jener Weltwucht und Bedeutung, die Nichtigkeit genannt wird. Die Fotografin Annie Leibowitz reiste aus den USA an, um den Bären zu fotografieren. Der Provinzberliner Röchelsänger Frank Zander flanschte sich mit einem Lied über Knut an. Die *B. Z.* drückte ein »großes Knut-Fotoalbum« in den Markt und meldete das auf ihrer Seite eins wörtlich als den »Beweis: Knut liebt *B. Z.*«. Alle Beteiligten, vom Bären abgesehen, waren volljährig. Hatten die sonst nichts?

Offenbar nicht. Die Entschlossenheit, die neue Erfolgsmarke Knut bis zum letzten Cent kommerziell auszuwringen, hätte jedenfalls nicht größer sein können. Als nach der letzten Papstwahl 2005 die Parole »Wir sind Papst!« ausgeschenkt wurde, lief das Devotionaliengeschäft auch nicht schlecht; der Knutkitsch aber scheint ungleich erfolgreicher zu werden als der Papst-Benedikt-Kitsch. Dem Papst haftet der Makel an, ein Mensch zu sein; zwar lässt der ehemalige Kardinal Ratzinger sich äußerst professionell vermarkten, aber mit einem Bären geht es doch besser. Die Bereitschaft des Publikums zu ehrlich empfundener, also komplett geheuchelter Zuneigung lässt sich bei einem Knut doch leichter und massenhafter herstellen als bei einem Papst. Schließlich haben die Knut-Devotionalien, die hastig auf die Wühltische gefeuert wurden, den Vorteil, wenigstens hübscher zu sein als die papistischen Souvenirs.

Die Sprache, in der solcherlei Dauerspektakel präsentiert wird, ist eine Art Kinder-Eititei. *Bild* wünschte einen geistverlassenen »knuten Tag« und attestierte dem Bären ein »fröhliches Lachen« – da lacht dann der Zoologe. Dasselbe Blatt meldete über den Knut betreuenden Tierpfleger Thomas Dörflein: »Knuts Menschen-Papa gefällt auch den Frauen«. »Menschen-Papa« – man muss es noch einmal sagen: All das sind Meldungen aus der Welt der Erwachsenen.

Die, plakativmedial abgestumpft, ihre Restempathie auf ein Zootier schleudern.

Die Kehrseite des Kitsches ist die Grausamkeit. Der im Frühsommer 2006 zum Medienbären gemachte und Bruno genannte Braunbär hat hinter sich, was seinem jüngeren Kollegen Knut erst noch blüht – sollte er, älter, größer, stärker und klüger geworden, einem der ihn bedrängenden Auf- und Zudringlinge einmal nach Eisbäreneinzelgängerart eine Bärentatzenschelle verabreichen. Es braucht nicht viel Phantasie, um sich das Geschrei über die »blutrünstige Bestie« vorzustellen, erhoben von identisch denselben Medialmutanten, die vorher die Welt mit einer Schmuse- und Kuscheltierwelle von Tsunamistärke überschwemmten.

Und damit die fortschreitende Infantilisierung der Öffentlichkeit massiv vorantreiben. Es ist ja nicht nur die Gossenpresse, die das Publikum anspricht, als sei es im Kindergartenalter. Auch in öffentlich-rechtlichen Fernsehnachrichtensendungen wird man von guten Onkels und Tanten angeschnackt, als sei man nicht fähig, einen komplexeren Sachverhalt zu verstehen oder eine unangenehme Nachricht psychisch zu verkraften.

Man muss es Menschen wie beispielsweise Frau Slomka vom ZDF sagen: Hallo, Ihre Zuschauer sind nicht allesamt aus Debilien. Manche können Deutsch sprechen, in ganzen, richtigen Sätzen für erwachsene Menschen, und können, ohne psychopathologisch bevormundet zu werden, die Wahrheit vertragen. Und bitten darum, aber dringend.

Voilà, ein Tusch! Für Wilhelm Busch

Zum 100. Todestag des größten deutschen Volksdichters

WILHELM BUSCH, GEBOREN AM 15. April 1832, gestorben am 9. Januar 1908, ist mit Goethe und Schiller der bekannteste und meistzitierte deutsche Dichter. Busch hat den Sprichwörterkanon der Deutschen entscheidend geprägt; selbst wer meint, ihn nicht zu kennen, hat doch viele seiner Sentenzen parat und bringt sie bei mehr oder minder passender Gelegenheit gern an:

Rotwein ist für alte Knaben
Eine von den besten Gaben.

Vater werden ist nicht schwer,
Vater sein dagegen sehr.

Drei Wochen war der Frosch so krank!
Nun raucht er wieder, Gott sein Dank!

Es ist ein Brauch von alters her:
Wer Sorgen hat, hat auch Likör!

Diese und zahllose andere Verse von Wilhelm Busch sind geworden, was man »geflügelte Worte« nennt – sie wurden als Wort mithin zu jenem »lieben Federvieh«, dem die beiden Titelhelden in »Max und Moritz« den Garaus machen. Die Witwe Bolte, der sie damit das Herz brechen, wurde in der Dichtung von Wilhelm Busch ebenfalls unsterblich:

Dass sie von dem Sauerkohle
Eine Portion sich hole,
Wovon sie besonders schwärmt,
Wenn er wieder aufgewärmt.

Man hört es förmlich: Busch war selbst ein fröhlicher und leidenschaftlicher Esser. »Lieber ein bissel zu gut gegessen, als wie zu erbärmlich getrunken«, schrieb er und rechnete »einen guten Braten« unbedingt »zu den guten Taten«. Auch solcher einfach empfundenen, saftigen Lebensfreude wegen, die auch aus seinen durchaus erotischen Zeichnungen spricht, wurde Busch von der Kritik noch lange bis über seinen Tod hinaus als Volksversemacher abgetan. Was ihnen Vergnügen bereitet und sie lachen macht, schätzen viele Kritiker künstlerisch gering – wohl weil sie sich selbst nicht über den Weg trauen, und sie müssen es ja wissen.

Das Publikum aber trank vom Quell der freudigen Erkenntnis, sog die Weisheit und den Humor von Wilhelm Busch ein und gab diesen Schatz an die nächsten Generationen weiter. Auch Leute, die sonst nichts oder allenfalls Konfektionsware lasen, hatten ihren Wilhelm Busch im Haus. Die zwei dicken, schweren Bertelsmann-Bände mit den roten Buchrücken – herausgegeben übrigens von einem Lektor namens Rolf Hochhuth (ja, *der* Rolf Hochhuth) – standen auch bei meiner Großmutter im Regal. Es war ein Fest, in den Bildergeschichten zu schmökern, in »Fipps der Affe« oder in »Plisch und Plum«, und sogar das, was alle kannten, »Max und Moritz«, war aufregend erzählt:

Aber wehe, wehe, wehe!
Wenn ich auf das Ende sehe!

Wer das für grausam hält, für finstere, schwarze Droh-Päd-agogik und nicht für hohe Dichtkunst, dem fehlen die nötigen Antennen, dem mangelt es an Freud und Freude.

Mein Lieblings-Busch ist »Tobias Knopp«; den hatten meine Eltern mir und meinen Brüdern vorgelesen, als wir kleine Kinder waren. Hinreißend sind die Abenteuer des unzufriedenen Junggesellen, der, einen Ehehafen suchend, durchs Land eiert. Busch hat auch in diesem Fall klassisch komische Dichtkunst geschaffen; ohne sie zu verstehen, hatte ich schönste Verse wie diese abgespeichert:

> Transpirierend und beklommen,
> Ist er vor die Tür gekommen,
> Oh, sein Herze klopft so sehr,
> Doch am Ende klopft auch er.

> Wie erschrak die Gouvernante,
> Als sie die Gefahr erkannte.

> Schwierig, aus verschiednen Gründen
> Ist das Schlüsselloch zu finden.

> Und es steigert noch die Lust,
> Wenn man immer sagt: du musst.

Da sitzt jede Silbe, die Präzision von Rhythmik und Melodie verleiht dem spöttischen Gehalt die Leichtigkeit, die alle von Busch Ertappten und Getroffenen zögern lässt, in verräterische Nöckerei oder allzu lautes Wutgeheul auszubrechen. Gleichwohl lösten seine komischen Verse Unmut aus; Busch wurde als bösartiger Weltverneiner geschmäht – oder aber als Possenreißer für die ganze Familie verharmlost. Beides trifft nicht zu. Busch sah genau hin und hörte genau zu, er war ein Großspötter, ein Welt- und Menschendurchschauer von schopenhauerschen Ausmaßen und trieb seine Späße mit allem und allen. In der Eröffnung der »frommen Helene« heißt es:

Wie sie schauen, wie sie grüßen!
Hier die zierlichen Mosjös,
Dort die Damen mit den süßen
Himmlisch hohen Prachtpopös. –

Die nächste Strophe des 1872 geschriebenen Werks hat viele gutmeinende Menschen nachträglich sehr in Rage gebracht:

Und der Jud mit krummer Ferse,
Krummer Nas und krummer Hos
Schlängelt sich zur hohen Börse,
Tiefverderbt und seelenlos. –

Tiefverderbt und seelenlos, schlängelnd sich zur Börse – bitterböse ist das. Busch griff ironisch auf, was im Schwange war, spielte virtuos mit Klischees, auch mit antisemitischen, und teilte in alle Richtungen gleichermaßen aus. Er war anti-bürgerlich, anti-klerikal, anti-pädagogisch, anti-alles. Gleich die nächsten Zeilen in der »Frommen Helene« lassen den Papst wie seine Gegner nicht unverspottet:

Schweigen will ich von Lokalen,
Wo der Böse nächtlich prasst,
Wo im Kreis der Liberalen
Man den Heilgen Vater hasst. –

Kein bisschen rücksichtsvoller försterte Busch im eigenen Revier, bei den Dichtern, Zeichnern und Malern. Die Verserzählung »Balduin Bählamm, der verhinderte Dichter« lässt kein gutes Haar an dem Typus des Dichtersimulanten, den der Literaturbetrieb zu allen Zeiten ausbildet. Busch, Profi durch und durch, rechnet mit der Dichterdarstellerei feingemein ab:

Jetzt steht er still und ruft »Aha!«
Denn schon ist ein Gedanke da.

Den bildenden Künstlern ergeht es nicht besser. In »Maler Klecksel« zeichnet Busch ein genaues Bild des »anmutsreichen Kunstgebiets«, jener Welt der dick aufgetragenen Hochsensibilität und Feingeistigkeit, die ihren Eigenmief für hochätherischen Duft hält. Das innige Verhältnis zwischen dem Maler und seinem weiblichen Kunstbeflissenheitspublikum bringt Busch gültig auf den Punkt. 100 Jahre über seinen Tod hinaus hat er das Vernissagen- und Kunstbetriebsgewese eingefangen, und es sieht nicht so aus, als wolle das sich jemals ändern:

Und im Salon mit geistverwandten
Ästhetisch durchgeglühten Tanten
Durch Reden bald und bald durch Lauschen
Die Seelen säuselnd auszutauschen.

»Ästhetisch durchgeglühte Tanten« – was für ein Blattschuss, was für eine Kunst, in drei Worten ein ganzes Leben gleichermaßen treffend wie komisch zusammenzufassen.
 Heute meint mancher, diesen Ton von der *Neuen Frankfurter Schule* her zu kennen. Das ist nicht verwunderlich: Die großen und populären deutschen Dichterzeichner, die

nach Busch kamen – Loriot, Hans Traxler, Robert Gernhardt, F. W. Bernstein, Ernst Kahl –, stammen allesamt von
Wilhelm Busch ab. Und wussten beziehungsweise wissen
das ganz genau.

Das letzte Wort hat Wilhelm Busch, mit diesen Versen
aus der »Kritik des Herzens«:

Ach; ich fühl es! Keine Tugend
Ist so recht nach meinem Sinn;
Stets befind ich mich am wohlsten,
Wenn ich damit fertig bin.
Dahingegen so ein Laster,
Ja, das macht mir viel Pläsier;
Und ich hab die hübschen Sachen
Lieber vor als hinter mir.

Im Lande Benefizien

Des Lebens oberstes Prinzip / heißt: jeden trifft einmal der Hieb. Auch unsere Abgreifer und Zudringlinge haben kein Abonnement auf Erfolg. Das fade *Live Earth*-Spektakel in Hamburg am 7. Juli 2007 war, wie *musikwoche.de* meldete, wirtschaftlich ein Flop. Die Veranstalter fuhren einen Verlust in Höhe von knapp einer Million Euro ein; die staatliche Hamburg Marketing GmbH, die als Organisatorin auftrat, blieb auf 16 000 Karten sitzen. Dieser Schaden macht insofern Freude, als er beweist, dass die musikalisch gestützte Moralerpressung, seinen Obolus zu einer x-beliebigen und höchst zweifelhaften Weltbesserwerdungskirmes abdrücken zu sollen, nicht immer und überall auch funktioniert.

Für manche kam dieser Warnschuss allerdings zu spät. Wenn einer außer Gratisgewissen nichts gelernt hat, muss er so weitermachen, egal, wie peinlich es wird. Wolfgang Niedecken, seit Jahrzehnten Vorsteher einer moralischen Türdrückerkolonne, ist eine feste Größe im Lande Benefizien. Beim Rostocker G8-Gottesdienst für Afrika war er zwar nicht dabei, hat sich aber in Ruanda sein Stück moralische Währung abgesäbelt. Dort kann er nun mahnen, aufrütteln und herumnegern, also Schwarze mit Kölsch kaputtquälen – was sich in Deutschland dann wieder gut macht: Der Landesmusikrat von Nordrhein-Westfalen verlieh Niedecken die »Silberne Stimmgabel«, weil es dem BAP-Mann gelungen sei, »seine erfolgreiche musikalische Arbeit mit einem vorbildlichen gesellschaftlichen Engagement zu verbinden«, und nannte als Beispiel dafür die Kölschkampagne »Arsch huh, Zäng ussenander«, was ins Deutsche übersetzt »Arsch hoch, Zähne auseinander« heißen soll.

Abgesehen davon, dass solche Kampagnen ausschließlich den Beteiligten nützen respektive ihrem Wunsch, über den Erwerb einer moralischen Bonität auch die pekuniäre zu erhöhen: Es muss »Zäng huh, Arsch ussenander« heißen. Also Futterluke weit aufreißen, jede Menge Krakeel und Wind machen und dann die Hinterbacken auseinanderzerren, damit die betriebszugehörigen Journalisten ihren Platz im Warmen finden. Von wo aus sie dann das Gewünschte im hohen, weihevollen Tone zusammenschreiben.

Manchmal aber misslingt das auf die erfreulichste Weise. Die *Leipziger Volkszeitung* vermeldete Niedeckens Auszeichnung mit der »Silbernen Stimmgabel« am 16. Juli 2007 zwar ganz bravaffirmativ, allerdings auf einer Seite mit Depeschen über Camilla Parker Bowles, David Beckham und ähnlichem Buntblatt- und Vermischte-Nachrichten-Futter. Direkt neben den Einspalter über Niedecken hat die *LVZ* die Nachricht platziert, dass eine Deutsche bei einer »Miss-Wahl für Hörgeschädigte« den Zweiten Platz belegt habe. Was der Kapitalismus nicht alles kann: Es gibt die Fleischbeschau / auch für die taube Frau. »Miss Deaf World 2007« hieß die humanitär geschminkte Humanitätszernichtungsveranstaltung. Dass es zwischen Wolfgang Niedecken und einer Hörschädigung einen kausalen Zusammenhang geben muss, ahnten wir; den dankenswerten journalistischen Beweis aber hat erst die *Leipziger Volkszeitung* erbracht.

HR Minus Negativ

DER HESSISCHE RUNDFUNK ist ein Medium, das sich der lemurenhaften Existenz Roland Kochs mehr und mehr verpfändet. Programme für Menschen, die noch nicht so vollendet scheintot, gespensterhaft und grundgemein sind wie der hessische Ministerpräsident, werden mit der Begründung abgeschafft, ein junges Publikum sei für den Sender ohnehin nicht zu haben und deshalb uninteressant – man wolle lieber, wörtlich, »die Alten halten«. Das klingt so sternenfern gagaistisch, wie es komplett ernstgemeint ist: »die Alten halten«.

Auch die Gehirnwäsche des positiven Denkens kommt im HR zur Anwendung. Die Mitarbeiter des Hauses sind per Dienstanweisung gehalten, die Elektropostadresse »hr-online.de« am Telefon nicht als »hr minus online Punkt de« zu buchstabieren – minus sei und klinge schließlich negativ. Wer beim HR arbeitet, muss stattdessen »hr Bindestrich online.de« sagen, dann – und nur dann – wird alles gut. Und ist es auch Irrsinn, so hat es doch Methode: Ein hundertprozentig humorfreier hessischer Esoterikerernst entquillt dem Äther und macht Schule. Ob an hessischen Lehranstalten in Mathe noch länger substrahiert werden darf? Zehn minus drei ist sieben – klingt das nicht furchtbar negativ?

Nackt unter Sachsen

Aus den Notizen eines Leipzig-Novizen

I.

WER EIN VIERTELJAHRHUNDERT in Berlin zugebracht hat, möchte es zur Abwechslung auch einmal schön haben. Also raus aus der Wichtigkeitswüste und hinein in die wirkliche Welt. Die liegt gar nicht weit entfernt; man muss nur Brandenburg und Sachsen-Anhalt noch durchqueren. Aber dann, aber dann, / fangen Welt und Leben an. Oder?

Wozu Preußens militante, zackige Gloria, wenn es auch Sachsens Glanz gibt? Es muss ja nicht Dresden sein, die Stadt mit dem Goldhelm, die sich mit ihrer Damenkirche so furchtbar spreizt und aufmandelt und ins Zeug legt, dass man dem alten Wort »Alliierte« wieder Gegenwart wünscht. Leipzig hat Liebreiz, ohne Frage. »Aber der Dialekt?«, fragen manche bang. »Geht denn das? Hältst du das aus?« Da kann man nur leichthin entgegnen: Wer unter die Bolle-Balliner fiel, den kann es härter kaum treffen.

Ich kam am Leipziger Hauptbahnhof an, im großweltsimulierenden Konsumgewürge auf zwei Etagen, das dort nicht, wie sonst meistens, »Arkaden« heißt, sondern, nicht minder prahlerisch, »Promenaden« – promenier, promenier. Es soll Menschen geben, die glauben, sie bräuchten das. So sehen sie dann aber auch aus, und zwar weltweit: Alle sind sie einzelne und freie Menschen, die nur rein zufällig alle gleich aussehen, das Gleiche tun und das Gleiche denken. Hauptsache, das Gleiche! / Jubiliert die Leiche.

Wie ein Pfeil schoss ich durch den Terroranschlag auf Geist und Gemüt hindurch – und sah Blumen. Was für schöne Blumen! Seitdem ich Leipzig kenne, liebe ich *Blumen*

Harnisch am Hauptbahnhof. Die Leipziger, denen ich davon erzähle, sagen dann ganz stolz: »Das gab es auch schon vor der Wende, das gab es schon zu Ostzeiten.«

Was sie mir damit sagen wollen, weiß ich nicht, und genauso wenig ahne ich, warum sie »zu Ostzeiten« sagen. Ich würde meinerseits nie »zu Westzeiten« sagen; dabei ist die Bundesrepublik, der ich entstamme, doch genauso für immer verschwunden wie die DDR. Was steckt hinter den Worten »zu Ostzeiten«? Trauer über einen Verlust? Oder Trotz? Wir hatten schon mal etwas Anderes, UNS brauchst DU nichts zu erzählen …? – Ich will aber doch gar nicht erzählen, der Westen sei besser oder besser gewesen. Dazu kenne ich den konformistischen, grundkorrupten Krempel viel zu genau.

Ein »gelernter Westdeutscher«, analog zu den schrecklichen »Ich-bin-ja-gelernter-DDR-Bürger«-Ostdeutschen, bin ich deshalb nicht. Ich weiß nicht, was das sein soll, ich verstehe ja auch das Wort »Westmann« nicht, das ich ursprünglich von Karl May her kenne. Old Shatterhand war ein Westmann und sah auch so aus. Seit 1989/90 soll ich nun auch einer sein? Und in ledernen Fransenklamotten herumlaufen wie der Hochstapelsachse durch sein Radebeul? Fällt mir überhaupt nicht ein.

Aber die Blumen sind wundervoll, schön und duftend, und die Blumenverkäuferinnen wissen einen Mann zu schätzen, der seiner Liebsten Blumen mitbringt. Sie geben sich richtig Mühe, man bekommt kein Grünzeug in die Hand gedrückt, das als »Blümchen« diskreditiert werden könnte. Dieses erfreuliche Verhältnis zur nicht auf Nutzen, sondern allein auf Freude zielenden Pflanze ist in Leipzig fest verankert. Nach jeder Lesung und nach jedem Konzert in der Leipziger Schaubühne Lindenfels bekam ich einen Blumenstrauß. Ich mag Menschen, die auch heterosexuellen Männern die Liebe zur Blume zugestehen. Üblich dagegen ist es, nach einem Auftritt Frauen mit Blumen zu beschenken, Männern jedoch nichts oder aber eine Flasche Wein oder Schnaps in die Hand zu drücken. Das ist so deprimierend, dass man die Flasche dann manchmal sofort zügig austrinkt – woraufhin moniert wird, aaah, man trönke ja, obwohl man doch erst in den Trunk hineingetan wurde durch so viel angewandte Rohheit.

II.

Das mitteldeutsche Wetter in Leipzig drückte auf die Birne und machte das Blut dickflüssig und träge. Es war ein richtiger Hundsjuli: 32, 35 oder sogar 37 Grad im Schatten, dazu kam ein infernalisch ohrenbohrender Bauarbeiterterror ab sieben Uhr in der Frühe. In der Wohnung obendrüber hackte ein hörbar übellaunig übender Pianist Hass-Etüden in sein Klavier, nebenan ließ eine Familie das Kleinkind kreischen. Wer einer derartigen Ohrenpein ausgesetzt ist, vermag seine Fähigkeiten als Erdulder ins Unermessliche zu steigern. Auf der nach oben offenen Jesus-und-Gandhi-Skala kletterte ich höher und höher, doch mein Ehrgeiz, als Tolerator Geschichte zu schreiben, ist begrenzt. Ich zog eine elegante Fluchtbewegung vor und ging ins Wasser.

Allerdings verfügte ich mich nicht an einen der Leipziger Badeseen, denn auch am *Kulki* oder am *Cossi*, wie der Leipziger Studentenmund den Kulkwitzer und den Cospudener See nennt, waltet der Lärm, und schon von weitem riecht man, dass nicht wenige der vielen Erholung suchenden und sie damit gleichzeitig verhindernden Menschen ihr Wasser praktischerweise im Wasser lassen. Diese Form der innigen Verbundenheit mit der Natur missbehagt mir; mich zog es in die Therme, in die Sauna.

Im Hochsommer in die Sauna? Aber ja doch: Mein Körper, hatte sich mein Verstand überlegt, würde nach einem kräftigen Kräuteraufguss bei 100 Grad Celsius die Außentemperatur von 35 Grad als angenehm frisch registrieren. Und siehe, der Plan war gut. Aus allen Poren rinnsalte der Schweiß in ergiebigsten Quantitäten. Nach der dritten Aufgussrunde taumelte ich unter die Eisbrause, stürzte mich dann ins Kaltwasserbecken, und der Körper, eben noch eine heiß sprudelnde Sprinkleranlage, erquickte sich und fühlte Kühlung und Glück. Von Oscar Wilde stammt die Erkenntnis, dass Körper und Seele ein und dasselbe sind; in der Therme leuchtete mir die Wahrheit seiner Worte sofort ein.

Im Schatten, den zwei Bäume freundlich spendeten, streckte ich mich auf einer Liege aus. Still war es. In der Therme entfällt das menschenübliche Gelaber und Geschwafel zumeist; man hat mit dem Schwitzen zu tun und lässt das Schwatzen. So leicht geht Frieden: einfach den Schnabel halten.

Ich vertiefte mich in meine Lektüre, den Roman »Tagebuch eines Drogenabhängigen« von Aleister Crowley, der auf Deutsch 1990 im kleinen Berliner a-verbal Verlag erschienen war, wo Max Goldt, Fritz Teufel und ich unsere ersten Bücher veröffentlichten. Der Verlag existiert nicht mehr, das Buch aber hatte ich bei den Vorbereitungen meines Umzugs von Berlin nach Leipzig wiedergefunden. Jetzt war die Zeit, es zu lesen. Crowley schrieb: »Die Leute meinen, Reden sei ein Zeichen von Denken. Keinesfalls, zum größten Teil jedenfalls nicht. Im Gegenteil, es ist ein mechanischer Kniff des Körpers, um sich von der Anstrengung des Denkens zu befreien.«

Wie zum Beweise dessen begann eine Stimme die Stille zu zerschrebbeln. »Isch kräme misch grode eyn«, schrie die Stimme, die zu einer etwa sechs Meter entfernt auf einer Liege sitzenden Frau gehörte. Die sächsische Mundart ist oft Gegenstand allzu billigen Spottes; über das Säuseln der Sachsen belustigen sich zumeist Menschen, die selbst keinen Satz Hochdeutsch zustande bringen, sondern irgendeinen süddeutschen Kuhstallargot zusammenkartoffeln. Das Sächsische dagegen vermag durchaus Charme und Humor zu entfalten. Der Schreidame auf der Liege nebenan allerdings war sprachlicher Wohlklang auch nicht gegeben. »Isch kräme misch grode eyn«, kreischte sie erneut in ihr Telefon, weil diese wichtige Information am anderen Ende der Verbindung beim ersten Mal offenbar nicht angekommen war.

Die Dame – oder in diesem Fall treffender: die Darrrme – gab mir eine Lektion. Das Sächsische, lernte ich schnell, kann außerordentlich ordinär, vulgär, mundsauer und aggressiv schnappend klingen. Viel war von einem »Oudö« die Rede, wobei es sich um ein Auto zu handeln schien, und der Satz »A härr dö üff dü«, also wahrscheinlich »Ach hör doch auf du«, klang nicht nur grusig, sondern gab auch optisch viel her: So kann nur sprechen, wer die zum Sächseln erforderliche Gesichtsgymnastik beherrscht.

Mir fiel ein, was mir mein alter Kollege Mathias Wedel schrieb, nachdem ich ihm über meinen Ortswechsel von Berlin nach Leipzig berichtet hatte. Der Mann, den ich nie gläubisch oder religiös beschackt erlebt habe, schickte mir per Elektropost eine dringende Warnung. Der Ton war dramatisch: »Um Jesu willen, was machst du denn in Sachsen? Da gehörst du doch nie im Leben hin. Diese Leipziger (ich weiß, wovon ich rede, ich habe da acht Jahre gelebt) werden dich erst lange quälen und dann töten. Es ist ein bis in die Haarspitzen verkommenes, feiges, hinterhältiges Völkchen. Eben Helden. Hoffentlich steht dir eine Frau bei.«

Konnte ich so deutliche Worte ignorieren? Ich beschloss, in Ruhe abzuwarten und die Sinne scharf zu halten. In einem Punkt konnte ich Mathias Wedel beruhigen: Wegen eines

Mannes geht kein Mann nach Sachsen. Wegen einer Frau wie der benachbarten Jaulteufelin allerdings auch nicht.

Ich betrachtete sie etwas näher. Von der Sonne ziegelrot gebrannt, setzte sie ihr durch das Telefonat unterbrochenes Eincremewerk fort. Eine nähere Beschreibung ihres Äußeren verbietet sich; hier müssen die Worte des Dichters Joachim Ringelnatz genügen, der im sächsischen Wurzen geboren wurde und in Leipzig aufwuchs: »Die Zeit entstellt / Alle Lebewesen.« Nach dem Einfetten griff die grobe Frau zu einer Hornhautraspel. Mich schauderte. Als sie ein Etui öffnete und eine ausgiebige Fußnägelbeschneidung an sich durchführte, wobei allerlei Hornsplitter wie Schrapnells durch die Luft schossen, wurde mir vollends flau. Ich packte meinen Kram und nahm Reißaus.

Wie kann man wissen, wie die Menschen sind, wenn man sie nicht nackt kennt? Im großzügigen Garten der Therme begegneten mir diverse nudistische Goldkettenträger um die 50; Gold*kettchen* konnte man zu ihrem Schmuck nicht sagen, dazu war das Prahlgeschmeide zu massiv. Einige von ihnen waren geeignet, zu einem Essay zu inspirieren, der dieser Welt dringend fehlt: »Versuch über die Herrentitte«. Zum Loben und Preisen der weiblichen Brust ist das Grobwort »Titte« so ungeeignet wie kein anderes; ein Mann aber, der sich wachsen lässt, was bei ihm nichts zu suchen hat, muss es sich gefallen lassen. Unmissverständlich ist unser Nein zur Herrentitte. Für Männer gilt Mopsverbot, Punkt.

III.

Ich floh die östrogenen Kerle, suchte und fand einen stillen Winkel und las weiter Crowley: »Die Hälfte unserer Probleme stammt daher, dass wir uns ihre Existenz bewusst machen. Sobald wir sie vergessen, hören sie tatsächlich einfach auf zu existieren.« Ob das auch für die Damen-Hornhaut-

Fußnagel- und die Herren-Schmuckschmock-Höllen galt, denen ich just entronnen war?

Unterdessen war es kühl geworden; die Temperatur war auf arktische 31 Grad gefallen. Mir wurde fröschelig, und so begab ich mich erneut ins Schwitzhaus. In der Therme adilettet, badelatscht und flipflopt der Mensch vor sich hin. Aus dem Hotel d'Europe in Avignon hatte ich ein paar Frotteeschlappen mitgebracht, denen ich den Namen »Les Schlappes d'Europe« gegeben hatte (sprich: *Lehschlappdöropp*). Meine Füße schlüpften hinein; weich und leise taten die Europaschlappen ihren Dienst und trugen mich zur Kelo-Sauna. Obwohl ich nicht weiß, was Kelo-Sauna bedeutet, betrat ich die Holzhütte, denn es roch gut darin, nach Zitronengras. Die Aufgussmeisterin sprach dann sehr professionell von »Lemongrass«, was mir genauso seltsam erscheint wie die Bezeichnung »Lavendel-Grapefruit-Aufguss«, die ihrem Mund einige Stunden später entfuhr.

Ich mag die englische Sprache; sie hat mir oft geholfen, wenn aufdringliche Landsleute sich entschlossen, mir ein Gespräch aufzuzwingen. Man lächelt dann höflich und gibt in gutem Englisch zu verstehen, dass man des Deutschen nicht mächtig ist, und in den allermeisten Fällen hat man die Belästiger damit entmutigt und vom Hacken. Aber in einer sächsischen Therme die Worte Lavendel und Grapefruit mischen? Das gute, alte deutsche Wort Pampelmuse hat doch Klang und Humor. Zudem ist die Pampelmuse ein hervorragendes Wurfgeschoss und sehr geeignet, um an Heul- und Trampelsusen jederlei Geschlechts und aller Couleur saftig klatschend zu zerplatzen. So wird die Pampelmuse sogar zur Muse; zur Muse der sanften Gewalt, der Gewalt mit menschlichem Antlitz: indem man sie auf jene Gestalten aus Politik, Wirtschaft und Medien schleudert, die aus der Welt und ihren Bewohnern einen Globalramsch machen. Dazu singt man, frei nach Hildegard Knef: »Für euch soll's Pampelmusen regnen / Euch sollen blaue Wunder begegnen.«

Solche Sachen gehen einem durch den Kopf, wenn man nackt unter Sachsen sitzt.

IV.

Ich sitze im Zug von Hamburg nach Leipzig. Ein paar Meter weiter macht ein sächselnder Mann aus dem Abteil eine rollende Telefon- und Gummizelle und brüllt in seine Mobilkrankheit. Sein Lieblingswort ist »meine Lebenspattnorin«. Er weiß gar nicht, wie viel Wahrheit darin ist: Lebenspattnorin, wie Lebenspatt. Gibt es etwas Grausameres, das man einer Frau antun kann, als sie zur »Pattnorin« zu degradieren? Auch sehr gern sagt er »isch denge mol«, obwohl er das noch nie in seinem Leben getan hat: denken. Glücklicherweise gibt es Ohrenstöpsel gegen die Menschen vom Stamme Lall. Zum Wesen der Dummheit gehört, dass sie sich selbst nicht bemerken kann. Doch das gilt nicht nur in Sachsen, das gilt überall.

V.

Diesen Text trug ich auch bei einer Lesung in der Caricatura Kassel vor. Inka Bachmann, gebürtige Eisenacherin und Chefin dieser Galerie der Komischen Künste, gab später zu bedenken, Pampelmuse sei etwas anderes als Grapefruit. Ich entgegnete, das glaube ich nicht, obwohl es sich doch gar nicht um eine Glaubensfrage handelte. Wir ließen diesen Gegenstand unserer Unterhaltung fallen, ich vergaß ihn ganz, aber einige Tage später erreichte mich folgende Mitteilung von Frau Bachmann:

»Die Pampelmuse (Citrus maxima), auch Riesenorange, Adamsapfel oder Pumelo, ist die größte der Zitrusfrüchte. Häufig wird auch die Grapefruit (Citrus paradisi) als Pampelmuse bezeichnet, die vermutlich aus einer Kreuzung der Pampelmuse mit einer Orange entstanden ist. Der Name Pampelmuse leitet sich über das Französische und Niederländische vom tamilischen bambolmas ab.

Im Englischen wird die (echte) Pampelmuse als Pomelo, Pummelo oder Shaddock bezeichnet, während im Spanischen und Französischen die Grapefruit unter Pomelo bekannt ist. Zunehmend verdrängt der Begriff ›Grapefruit‹ im deutschen Sprachraum den Namen ›Pampelmuse‹. In Deutschland ist die echte Pampelmuse im Handel sehr selten vertreten. Im Gegensatz zur Grapefruit, die eine leuchtend gelbe Farbe hat, ist die Pampelmuse grünlich, kann bis zu 30 Zentimeter im Durchmesser groß werden und durchaus ein Gewicht von über zwei Kilogramm erreichen. Der wichtigste Unterschied ist jedoch, dass sich im Fruchtinneren zumeist kein freier Fruchtsaft befindet. Die Frucht wird daher von der dicken, weichen Schale befreit; dann werden die Filets von der bitteren und festen Segmenthaut befreit. Ebenso wie die Grapefruit gehört die Pampelmuse zu den Rautengewächsen und wächst fast nur in tropischen Ländern. Ihr Fruchtfleisch ist weniger saftig als das der Grapefruit. Die Pampelmuse weist, wie sämtliche anderen Zitrusfrüchte, einen hohen Vitamin-C-Gehalt auf.«

Belehrungen, wenn nicht in belehrendem oder auftrumpfendem Tone vorgetragen, sind immer willkommen. Bedankt, Frau Bachmann! Ich wollte mit der Muse pampeln, deshalb aber nicht automatisch auch mit der Grape fruiten. Nun weiß ich, dass es sich ohnehin um zwei verschiedene Dinge handelt. Ein Hoch der Sprache! Sie kennt so schöne feine Unterschiede, und wir dürfen Gebrauch von ihnen machen.

Hubertuslied vom Schießbefehl

Sommerloch Zweitausendsieben:
Soldaten sind zum Schießen.
Huch, wer hätte je gedacht,
Dass sie ihr Schießen nicht ließen?

Es ist doch weltweit ihr Beruf.
Kein Grund, hysterisch zu sein.
Hubertus Knabe heißt auf deutsch
Jägerlatein.

Heimkehr eines Denunzianten

Günter Grass, die Waffen-SS, der gelassene deutsche
Patriotismus und der Literaturbetrieb

61 Jahre lang war er hartleibig, dann löste sich Günter
Grass: »Das musste raus, endlich!«, kofferte Grass ächzend
in die *Frankfurter Allgemeine Zeitung* hinein. Deren Chef
Frank Schirrmacher, ein Kai Diekmann für Halbalphabeten,
schmiss sich stolz wie Oskar aus der »Blechtrommel« in
die Hühnerbrust und blies grienend die Wangen auf. Grass
war in der Waffen-SS, mit 17, sechs Jahrzehnte lang ver-
schwieg er das und hob den dicken Zeigefinger gegen alle,
die ihre Vergangenheit nicht lückenlos aufdeckten. Das ist
keine Sensation, das ist nicht »Mann beißt Hund«, sondern
»Hund beißt Mann«, das passt wie der Deckel auf den Topf:
Einer der größten Langeweiler aller Zeiten hat ein kleines,
braunes Geheimnis. Und weil sein Buch »Beim Häuten der
Zwiebel« außer ein paar hoffnungslos verdeutschlehrerten
Pappköpfen niemanden mehr interessiert hätte, plauderte
Grass alles aus.

Beziehungsweise eben doch nicht. Wenn es denn ein
Geständnis gewesen wäre, das den Namen verdient. Aber
Grass ist noch in der Selbstbezichtigung eitel. ICH war bei
der Waffen-SS, ICH, der große Günter! Der Nobelpreisträ-
ger! Der, das verschweigt er aus gutem Grund, diesen Preis
nie bekommen hätte, wenn er seine Vergangenheit nicht so
kalkuliert für sich behalten hätte, wie er seit 2006 mit ihr
hausieren läuft.

Es geht nicht um Moral oder Doppelmoral, sondern um
die Mechanismen des Gewerbegebiets der moralisierenden
Literatur. Grass war und ist ein Ödling. »Words don't come

easy« hieß ein Schmierlied aus den achtziger Jahren – es ist die Lebenshymne von Günter Grass: »Words, pieh dieh dieh, don't come easy to me, how can I find a way to make you see, pieh dieh dieh ...« Den mangelnden Musenkuss hat Grass schon immer durch den Griff zu den großen Jahrhundertthemen zu kompensieren gesucht. So sind 50 Jahre sozialdemokratische Staatsklempnerei zusammengekommen, und wie alle Sozialdemokraten wurde auch Grass die Angst nicht los, als ewiger vaterlandsloser Geselle behandelt zu werden. So warf er sich zum Gewissen der Nation auf – schließlich schreibt man Gewissen auch mit SS, da konnte Grass gut anknüpfen und gleichzeitig vorgeben, er sei ganz, ganz anders.

Vertreter der deutschen Mannestugenden Herumeiern, Mauern und Feigesein gibt es viele; entsprechend groß ist das Verständnis für Grass. Der sozialdemokratische Prittstift Klaus Staeck sprang Grass zur Seite, auch Gregor Gysi kumpelte mit – und auf einmal wirkte die Waffen-SS wie eine Jugendbewegung, nur respektabler und sportiver als Punk oder Hippietum. Wer dort einmal anheuerte, auf den ist Verlass, die Waffen-SS ist gute Schule und Zucht, und eine Nazi- oder SS-Vergangenheit hat noch keinem Deutschen geschadet.

Das weiß auch Günter Grass, eine Petze reinsten Wassers, ein Geschaftelhuber und rasender Opportunist, ein Gruppe-47-Intrigant, der mithalf, brillante Kollegen wie Albert Vigoleis Thelen im deutschen Kulturbetrieb unterzubuttern. Auf dem Höhepunkt der RAF-Hysterie in den siebziger Jahren hetzte Grass Heinar Kipphardt die Polizei auf den Hals und betrieb gemeinsam mit dem damaligen Münchner SPD-Oberbürgermeister Hans-Jochen Vogel erfolgreich die Absetzung Kipphardts als Dramaturg der Münchner Kammerspiele. Wie man talentiertere Konkurrenten ausschaltet, hat Günter WaffenGrass gründlich gelernt.

Die Nachrichtenagenturen meldeten: »Günter Grass bekommt nach seinem Waffen-SS-Geständnis Rückendeckung von Historikern. Der Fall werde dem Image des Literaturnobelpreisträgers nicht schaden, sondern ›eher zum besseren Verständnis der Vergangenheit beitragen‹, sagte der Berliner Historiker Arnulf Baring der *Berliner Morgenpost*. Das Bild des Dritten Reiches müsse in dem Sinne zurechtgerückt werden, dass man die damaligen Sichtweisen stärker berücksichtigen müsse.« Zurechtrücken müssen, dass wir berücksichtigen müssen – so spricht Arnulf Baring, der für *Bild* so lange den Historiker geben wird, wie der ZDF-Märchenonkel Guido Knopp in Deutschland ebenfalls für einen Historiker gilt. So viel therapeutisches Zurechtrückenmüssen und Berücksichtigenmüssen muss zwingend sein, sonst halten die Deutschen es nicht mit sich aus. Schließlich haben Millionen von ihnen im Kino und im Fernsehen unter Tränen gelernt, dass man auch den Führer von innen heraus verstehen muss, also durch Bernd Eichinger und seinen Bruno Ganz hindurch.

»Nicht jeder, der in der NSDAP oder gar der Waffen-SS war, muss deshalb verbrecherische Ziele verfolgt haben«, sprach Baring und erklärte weiter, »man sollte grundsätzlich bei dem, was junge Leute getan haben oder auch heute tun, nachsichtig sein.« Es handle sich ja nicht um Menschen »mit vollem Urteilsvermögen«. Mit Blick auf die aufgeheizte Atmosphäre der Kriegsjahre »konnte jemand wie Grass kaum zu anderen Schlussfolgerungen kommen, als in der Waffen-SS eine tolle Herausforderung zu sehen«. Er vermute, der Fall Grass werde zu einem »gelassenen und gerechteren Urteil über die Verstrickung vieler Deutscher in den Nationalsozialismus« führen.

Und – schwupps – war es Geschichte geworden, das Wühltischwort des Jahres 2006: »gelassen«. Ein »gelassener, entspannter deutscher Patriotismus« wurde im Sommer 2006 erfunden – er ist das Synonym für Lärm, für »Sieg!«-Geschrei und für aufdringliches Auf-dicke-Hose-Machen. Wenn schwarzrotgold behängtes, aggressiv und niederträchtig sich gebärdendes, dem Augenschein nach genetisch hoch bedenkliches Deutschmännermaterial angeblich ganz toll »gelassen und entspannt« war bei der Fußball-WM – wer möchte das dann noch sein?

Günter Grass, unbedingt. Davon, dass Juden deportiert wurden, hat er in Danzig selbstverständlich nichts mitbekommen; Rassismus hat er erstmals erlebt, als er sah, wie in der US-Armee Schwarze von Weißen diskriminiert wurden. Den Antiamerikanismus des volksdeutschen Kerls hat Grass auch noch drauf – hier ist ein deutscher Denunziant bei sich und bei seinem Volk angekommen. Der Erste Schriftsteller dieses verlogenen Deutschlands heißt Günter Grass.

P.S.: Auf seinem Grabkranzgebinde soll man lesen:

> In Deutschland ist alles aus Marzipan,
> Vor allem die Literatur.
> Das hat ihr der Günter Grass getan,
> Die SSPD-Kreatur.

P.P.S.: Auf seinem Grabstein dann aber unbedingt: »Words don't come easy.«

Wenn Limonade lästig wird

»CARPE DIEM!« – SO ALTPHILOLOGISCH feuert der Lehrer seine Schüler an, den Tag zu nutzen und etwas Sinnvolles aus ihrer Lebenszeit zu machen. Dabei vibriert der Pädagoge augenleuchtend idealistisch und knackt schier vor Aktivismus. Robin Williams spielte die Hauptrolle in dem Lehrerverherrlichungsfilm »Der Club der toten Dichter«; seitdem ist »Carpe Diem« mir noch mehr wumpe beziehungsweise sogar noch wumper als vorher schon.

»Carpe Diem« kann man auch trinken. Es handelt sich um eine Erfrischungsbrause, die mit östlicher Philosophie aufgeladen wird, damit man den Sprudel besser losschlagen kann. Die »Carpe Diem«-Werbebroschüre verpasst einem schon auf der ersten Seite einen Kalenderblattschuss: »Wer den Tag wie eine Blume pflückt, erntet den Strauß seines Lebens.« Ich wusste gar nicht, dass Limonade so lästig werden kann.

Der Reklametext ist so dezent wie eine feuchte Hand auf dem Oberschenkel innen. Man wird von der Seite angeschnackt wie ein altgewordener Konfirmand: »Was gibt es heutzutage Wichtigeres als das eigene Wohlbefinden? Oft genug bleibt uns keine Zeit zur Erholung. Die Anforderungen des täglichen Lebens wachsen ständig und nicht selten fühlen wir uns gehetzt und im Stress. Dies mehrt in uns das Bedürfnis nach Ruhe, Muße und Genuss. Doch wie lässt sich dieses Bedürfnis stillen? Wir haben eine Antwort: Carpe Diem!« Wer hätte das gedacht?

Der esoterische Verkaufsgesprächskrampf ist indes noch lange nicht zu Ende. »Carpe Diem ist die Aufforderung, jeden Tag bewusst zu gestalten und aktiv zu leben. Carpe

Diem steht für sinnvollen Trinkgenuss. Für Getränke, die Wirkung gleichermaßen mit höchstem Genuss verbinden.« Demnächst wird man wohl mit vorgehaltener Waffe zum demonstrativen Genießen gezwungen.

Die seichte Bewusstseinsbrühe gibt es in den Geschmacksrichtungen Kombucha, Ginkgo und Kefir-Holunder. Kombucha »reinigt und erfrischt« anduzend »deinen Körper, deine Seele«, Ginkgo beschert »Jugend für den Geist«, stammt »vom heiligen Baum der Menschheit« und ist »ein Kunstwerk der Natur, für Geist und Gaumen«, während Kefir-Holunder sowohl die »Quelle ewiger Jugend« als auch »der uralte Pfad zu langem Leben« ist. Könnte man nicht noch eine Idee dicker auftragen?

Doch, man kann. »Carpe Diem« meldet: »Der Ginkgo beschützte einst die Tempel Japans und Chinas vor bösen Geistern.« Mag sein. Bäume sind prima, Japan und China sind weit. Gegen verbale Wettrüstung aber ist noch kein werbetexterverstummenmachendes Kraut erfunden worden. Wenn es das gäbe, man müsste es auf Flaschen ziehen.

P.S.: Zufällig entdeckte ich in einem Bestellkatalog der Firma »Impressionen« die Fußmatte »Carpe Diem« für 39,95 Euro. Was soll ich sagen? Die Welt war wieder in Ordnung.

Die Wacht am Reim

F. W. Bernstein legt sein gesammeltes Theater vor: »Die Superfusseldüse – 19 Dramen in unordentlichem Zustand«

»Mama, wo kommen die kleinen Bilder her?«, plärrt ein Kind, das einen Maler in der Fußgängerzone beobachtet. Die Kunst, »die sich unerkannt als Tanzbär unters Volk gemischt hat«, lobt: »Gute Frage!« Wir sehen eine Szene aus F. W. Bernsteins Kurzdrama »Der Künstler oder: Wer da malet auf den Gassen, der muss sich viel sagen lassen«.

So sieht das aus, so hört sich das an, wenn F. W. Bernstein Dramen schreibt. Der Dichter, Zeichner und bis zu seiner Emeritierung einzige Professor für Karikatur, den dieses Land hatte, weigert sich auch im dramatischen Fach, die Welt und ihren Zustand dramatisch zu nehmen. Leichtigkeit ist Bernsteins Disziplin – in der aber ist er Radikalist. Der Blödsinn der Welt fließt ein in seine Kunst, oft als Zitat, das er in einen entlegenen Kontext stellt und damit komische Wirkung erzielt. So bleiben Bernstein und seine Werke selbst stets unberührt vom Schlamm der Zeit.

Bernstein weiß: Wenn die Welt und ihre Bewohner harmonisch, friedfertig, weise und gesittet wären, eröffe die Menschheit in schrecklicher Langeweile. Auch das Dumme und Naffelige hat unbedingt sein Recht. Widersprüche, Gegensätze und Paradoxien sind Quellen der Komik, und so schickt Bernstein sein dramatisches Personal in Situationen, aus denen es keinen Ausweg gibt – es sei denn einen komischen.

»Das Landexamen« ist so ein Stück. »Wer einmal auf dem Land war«, heißt es in der Vorrede, »der weiß, dass hinter den sieben Bergen und in reiner Luft neben handgewebtem Rosenkohl und selbstgeblasener Zupfgeige die wüstesten Schufte wachsen.« Und dann wird ein Student der ländlichen Dialekte in die Vorhölle einer gleichermaßen vollabsurden wie sadistischen Prüfung entsandt: »Wie nennt man den Schuhlöffel in Queck?« – »Uffzug.« – »Wie nennt man das Mutterschwein in Ullrichstein?« – »Modderschwien?« – »Unsinn! Mock natürlich!«, und so weiter, zehn Seiten lang der Irrsinn der Provinz, in aller Lust und Pracht zugefeilt und ausgebreitet von F. W. Bernstein.

200 Seiten umfasst sein dramatisches Werk, oktavheftklein ist das Bändchen und trägt einen feinen Leinenanzug. Luzide, leicht, schnell, verblüffend und entzückend ist es – und hinreißend albern. Bernstein, bei Erscheinen des Buches im Sommer 2006 immerhin gut 68 Jahre alt, kann so was von kindlich sein, wenn er das will. »F. W. Bernstein kauft sich ein Kilo Kartoffeln und geht mit einem Ochsenschwanz essen« beispielsweise ist zwei Seiten kurz und gottvoll – und so viel lustiger als Peymanns Hosen.

KARTOFFELN: *Ochsenschwanz, Ochsenschwanz – du hier?*
OCHSENSCHWANZ: *Und ihr?*
KARTOFFELN: *Dumme Frage. Sättigungsbeilage!*
OCHSENSCHWANZ: *Fein. Ich aber werd heute noch Suppe sein.*

Tiptop steht sie, »die Wacht am Reim«, von der in einem anderen Bernstein-Theater die Rede ist. Im Gewand solcher Harmlosigkeiten ist Bernstein einer der wildesten Kerle. Er sprengt und bricht jede Form, wenn die komische Sache es verlangt – nur bemüht er eben niemals den peinlichen Großgestus des Bilderstürmers, Tabubrechers und genialitätsdarstellerischen Formenzerknackers. Sondern geht zart zur Sache, gleichsam gütig, selbst dann, wenn es sich um das verminte, schlüpfrige Terrain des sogenannten Boulevard-journalismus handelt.

In »Kaiser Franz«, einem Auszug aus Bernsteins dichterischem und zeichnerischem Großwerk »Richard Wagners Fahrt ins Glück«, das 2002 bei Alexander Fest erschien, hat sich Franz Liszt eines Schmierenreporters zu erwehren, der ihn nach seinem Verhältnis zur Vicomtesse Marie de Flavigny D'Agoult ausquetschen will:

»Sie ham's doch gebürstelt, gepoppt – fickifick?

Und vorher war's die Comtesse de Saint Crique.«

Am Ende wirft Liszt Klaviere nach dem Illustriertenlumpen, und alles geht also gut und gerecht aus.

Am besten ist es, man liest diese in ihrer Präzision und Feinheit des Tons an Loriot erinnernden Kurzdramen vor. Ich tat es, auf der Düne von Helgoland, und die frechen Lachmöwen lachten sich kaputt. Sie hatten recht damit. Im Titeldramolett »Die Superfusseldüse«, von Bernstein eigens verfasst, »um Eindruck bei der Verlegerin zu schinden«, wie er in den Quellenangaben schreibt, verlangt das Publikum: »Dramen her! Dramen her!« Wenn es sich um so unprätentiös schöne und komische handelt wie diese, schließe ich mich der Forderung ohne Einschränkung an.

Präzise Miniaturen

Ein Ständchen für Loriot

WENN EINER SO UNEINGESCHRÄNKT konsens- und mehr-
heitsfähig ist wie Loriot, ist das zum Misstrauischwerden:
Was wirklich alle mögen oder sogar lieben, was keiner hasst
und keinen stört – kann das richtig gut sein?

Manchmal erstaunlicherweise ja. Loriot, mit bürgerli-
chem Namen Vicco von Bülow, hat in seinen Fernsehsket-
chen das deutsche Bürgertum beschrieben: spleenige, stoffe-
lige Menschen von ebenso unfreiwilliger wie großer Komik.
Vorgeführt oder zum dumpfen Bruhaha freigegeben hat Loriot seine Figuren nicht, vielmehr ließ er Feinheit, Sympathie und größtmögliche Präzision walten. Ohne weh zu tun,
ohne Abgründe zu zeigen, trifft sein Humor dennoch ganz
genau. Loriots exakter Blick für das Peinliche, das ja auch
in der dauernden Angst vor der Peinlichkeit besteht und in
allen erfolglosen Versuchen, ihr zu entrinnen, hat dramati-
sche Miniaturen von zeitloser Komik hervorgebracht.

Loriot selbst ist dabei ganz unpeinlich geblieben – auch
das macht den Unterschied zu kontemporären deutschen
Fernsehunterhaltern. Deren zeitweise einzig diskutabler
Vertreter, Harald Schmidt, wechselte allerdings zügig ins Re-
klamefach. So wird von Schmidt die Erinnerung bleiben an
sehr unkomische Werbeeinsätze für Karstadt und die Deutsche Bahn AG, für die Essensverbrecher McDonald's und
Nescafé – und für die Medikamente, die man braucht, um
die heftigsten Folgeschäden zu bekämpfen. Harald Schmidt
war ein Zeitgenosse, Loriot ist ein Klassiker der komischen
Künste. Vielen Dank für den feinen Unterschied.

Mit einem Strumpfband in der Wäsche

Nikolaus Heidelbachs illustrierte Märchen
von Hans Christian Andersen

ZUM ERSTEN MAL BEGEGNETE mir der Name Nikolaus Heidelbach in den neunziger Jahren. Der Mann machte unglaublich schöne Umschläge für großartige Bücher. Um nur zwei zu nennen: Seine Umschlagbilder für Kinky Friedmans »Wenn die Katze weg ist« und für »Pink Vodka Blues« von Neal Barrett jr. habe ich mir bis heute nicht sattgekuckt.

Sein Opus magnum entdeckte ich erst 2003 – Heidelbach hatte es vorgelegt, noch bevor er 40 Jahre alt wurde. 1995 erschienen bei Beltz & Gelberg die »Märchen der Brüder Grimm« mit Bildern von Nikolaus Heidelbach, der auch die Auswahl der Texte besorgte. Das prächtige, erfreuliche 384 Seiten dicke Buch ist eine Fundgrube des Glücks. Heidelbachs Bilder sind der ganz und gar unverfälschten Sprachmacht der Märchen ebenbürtig: Sie sind Kunst, sie sind wahrhaftig, sie verniedlichen und kindertümeln nicht, sie zeigen eine Welt der doppelten Böden, zwischen Traum und Albtraum, abgründig, gruselig, anrührend und komisch. Ein Rezensent schwärmte in der *FAZ:* »Nikolaus Heidelbach hat ein Werk geschaffen, das in jeden Haushalt gehört ... Wenn ich allein auf eine Insel müsste, dann mit diesem Buch.«

Im Jahr 2004 zogen Zeichner und Verlag nach, mit einer ebenso liebevoll fett ausgestatteten Ausgabe der Märchen von Hans Christian Andersen, und die Freude ist womöglich noch größer – denn diesmal sieht man handkehrum die Texte auf gleicher Höhe mit den Heidelbachschen Bildern. Wer – wie ich – Andersen zumindest im Vergleich mit den Brüdern Grimm eher gering schätzte, darf sein Urteil revidieren: Der Mann konnte es anders, aber er konnte es auch. Der gemeinsam mit Hans-Joachim Gelberg getroffenen Auswahl ist dieses Zitat von Andersen vorangestellt: »Man soll jedes Ding beim Namen nennen, und wagt man es im Allgemeinen nicht, so soll man es im Märchen können.«

Andersens ironisch-satirische Züge finden sich vor allem in den weniger berühmten Märchen. »Die Stopfnadel« beginnt so: »Es war einmal eine Stopfnadel, die hielt sich für so fein, dass sie sich einbildete, sie sei eine Nähnadel.« Und auch sein Märchen »Der Kragen« hält, was der Anfang verspricht: »Es war einmal ein feiner Kavalier, dessen ganzer Hausrat aus einem Stiefelknecht und einer Haarbürste bestand. Aber er hatte den schönsten Halskragen der Welt, und von diesem Kragen werden wir eine Geschichte hören. Er war jetzt so alt, dass er daran dachte, sich zu verheiraten, und da traf es sich, dass er mit einem Strumpfband in die Wäsche kam.«

Mit einem Strumpfband in der Wäsche liegen – was für ein Glück! Heidelbach schenkt den Märchen in mehr als 120 Bildern noch ein zweites Leben. Das Wort Genie wird für gewöhnlich inflationär gebraucht – hier stimmt es einmal. Wer das nicht blöde glauben, sondern schön selber kucken will, kann sich davon zumindest teilweise sogar im Original überzeugen: Etwa 60 Exponate von Heidelbach bilden das Herzstück der Wanderausstellung »Däumelinchen, Nachtigall und Zinnsoldat – Märchenbilder zum 200. Geburtstag von Hans Christian Andersen«. Geboten werden in der Sammelausstellung auch Bilder von gut drei Dutzend anderen Illustratorinnen und Illustratoren, unter ihnen Rotraut Susanne Berner, Tatjana Hauptmann, Janosch und Werner Klemke. Und drei Grässe gibt es, Zeichnungen von Günter Grass – Dokumente einer Mixtur aus Unfähigkeit und Kitschdrang, die jeden Blindenhund zum Knurren bringen.

Wer sich mit einer Überdosis Stümperei die Kante geben möchte, kann das tun: Unter dem grasstypisch aufgeblasenen Titel »Der Schatten. Hans Christian Andersens Märchen – gesehen von Günter Grass« erschien 2004 bei Steidl der bislang letzte Beweis dafür, dass Grass tatsächlich noch schlechter zeichnen als dichten kann. Die Gesetze der Perspektive sind ihm fremd, von der menschlichen Anatomie weiß er nichts. Wie man sich aber in Gratisblättern wie dem Bahnmagazin *mobil* abziehbildmäßig als Kunstgewerbler aufmaschelt, davon versteht Günter Grass alles.

Zurück zur Schönheit, zurück zu Nikolaus Heidelbach. Siebzehn der von Albrecht Leonhardt aus dem Dänischen übersetzten Märchen gibt es auch in einer aufwändigen 3-CD-Aufklappschachtel. Neben Fritzi Haberland, Christiane Paul und Daniel Stresow, die bei aller schauspielerischen Professionalität vor allem ganz natürlich lesen, also kunstvoll statt gekünstelt, ist auch Heidelbach selbst zu hören, der sich fünf besonders ironische Märchen ausgesucht hat. In »Es ist ganz gewiss« heißt es über eine Henne: »Und dann erzählte sie, sodass den andern Hühnern die Federn zu Berge standen und der Hahn den Kamm fallen ließ.«

Dass er selbst derart furchteinflößend klänge, muss der Vorlesenovize Heidelbach überhaupt nicht fürchten: Man hört, dass er die Texte bis in ihre letzte Nuance ausgelotet hat. Was seine augenöffnenden Bilder ohnehin beweisen.

Pilzhirscheln in Thüringen

AM ELFTEN SEPTEMBER 2006 feierten islamistische Bart- und Terrorfreunde den fünften Jahrestag des Volltreffers von Manhattan, und der zum Benedikt gesalbte Joseph Ratzinger besuchte medienumjohlt seine bayerische Heimat. Die Welt hatte al-Qaida, den Papst und das Feuilleton, alles auf einmal und alles im Endstadium. Ich bin bescheidener, ich hatte nur die Handwerker. Das ist im Gegensatz zu den paranoiden Projektionen Wolfgang Schäubles tatsächlich Terror und ein Grund zur Flucht.

Schon oft hatte ich von der Schönheit Thüringens gehört; nun ergriff ich die Gelegenheit, mich selbst davon zu überzeugen. Jedes hymnische Wort über Thüringen ist wahr. Es wohnt dem Thüringischen so etwas genussvoll Weibliches inne. Lieblich ist die Thüringer Landschaft und sanft geschwungen. Als hätte ein liebender Gott eine Frau nach seinem Wunsche geschaffen, ihr zum Schluss des Schöpfungsaktes noch einmal zärtlich rundend und glättend über die Hügel und Täler gestrichen und gesagt: So, wunderbar – fertig.

In Eisenach spielte die Intelligenzpunkband »Die Geilen Götter« ihr Lied »Benedikt, o Benedikt, dich hat der liebe Gott geschickt«, das mit überraschender Instrumentierung und klugem Arrangement erfreut und im Text Wahrheitstreue und Charme gelungen mischt: »Du warst zwar mal ein Hitlerjunge, doch wer war das damals nicht.«

Ist es nicht wünschenswert, dass junge Menschen den Papst ernst nehmen, statt, gierig auf sogenannte *Events*, in seine Massenmessen zu trotteln und das dann prädebil »total super« zu finden? Sind die milden »Geilen Götter«

nicht so viel sympathischer als der zum Chefkatholiken beförderte Marktprediger, der im September 2006 vor 250 000 Münchner *Public Viewing*-Konsumenten so zelebrale wie nichtssagend zielgruppenkonforme PR für »Spiritualität« machte, als sei so etwas im Pulk zu haben?

Ich streifte das Gottunddieweltgewürge ab und begab mich in die Thüringer Wälder. Ein Ortsname fiel mir auf, Tabarz, den kannte ich aus einer Erzählung von Ringelnatz – und wurde nicht enttäuscht. Im Schaufenster der Tabarzer Berg-Apotheke stand auf einem selbstgemalten Plakat: »Knochen-Check am 11. September«. Hier wurde der Irrsinn nicht einfach von den Discounter-Medien übernommen, hier war er noch hausgemacht wie Klöße und Kuchen.

Sogleich ging es waldwärts, in den Pilz. Meinen zehn Jahren zuvor in Zürich gekauften Wanderstiefeln hatte ich endgültig Adieu sagen müssen; nun schlüpfte ich in die neuen aus Eisenach und fitschte los, zum großen Inselsberg, 500 Meter höher gelegen als Tabarz. Wenn man oben ist, gibt es Bier und Bratwürste aus Thüringen: einfache Genüsse, und die sind, wenn sie stimmen, die besten. Auf der ersten Hochwiese standen orangerot leuchtende Ebereschen; ich griff mir einen schönen Beerenzweig mit grünem Laub und steckte ihn im Band meines Strohhutes fest. Man muss den Kopf nicht muffig begamsbarten, das Florale ist leichter, denn es weiß nichts vom tierischen Ernst.

Eine zertrampelte Lichtung betretend, auf der offenbar Hirsche herumgeforkelt hatten, fand ich eine Geweihstange von etwa 40 Zentimetern Länge, hob sie auf und schob sie mir seitlich hinter den Gürtel, als sei ich ein Hobbit und trüge ein kleines Schwert überm Wams. Beglückend ist es, wie ein Siebenjähriger durch den Wald zu hirscheln und dem Pilzwild nachzustellen. Geschärft sind Pilzmesser und Pilzblick, und anders als die Fauna aller Art läuft der Pilz nicht weg; er hat andere Finten und tarnt sich geschickt, ja raffiniert. Besonders hübsch und üppig an Zahl aber zeigte sich der Fliegenpilz und leuchtete tausendfach aus dem Wald heraus, rot wie die Liebe: magisch, verlockend, glühend und gefährlich.

Wenn es einem so leichtsinnig gut geht, denkt man, man müsse auch einmal Pause vom Wald haben und ein Quantum Zivilisation einwerfen, bis man wieder weiß, warum man Menschenauflaufformen zu Recht meidet. Im schönthüringischen Städtchen Gotha las ich die *Thüringer Allgemeine*; das Tagblatt zitierte den Autor Frank Schätzing, für dessen »Schwarm« Palettenbuchhändler schwärmen: »Ein guter Schriftsteller oder Maler tut nichts anderes als ein professioneller Klempner.« Genauso schreibt Schätzing ja auch: wie Fallrohr und Gummimuffe.

Über die Stadt Gotha behaupten kundige Reisende seit Jahrhunderten, sie sei »eine der schönsten Italiens«. Ich möchte da nicht widersprechen – sondern im Gegenteil ergänzen: Was für die Stadt gilt, gilt für das Land. Thüringen ist eine der schönsten Landschaften Italiens. Nur leerer, leiser, nepp- und remmidemmifreier. (Zum Thema Nepp noch diese Fußnote: Wenn ein Hotel an der deutschen Ostsee »Neptun« heißt, dann weiß man: sehr guter Name – viel Nepp und wenig tun.)

Wer im preußischen Berlin-Brandenburg kasemattig einsitzt, entdeckt das kultivierte Thüringen ohnehin mit größter Freude. Und kann sich dem Schriftsteller Friedrich Gottlob Wetzel (1779–1819) anschließen, der von den »tausendfach wechselnden Reizen«, dem »ganz anderen Grün der Bäume«, den »unverwüstlichen Wäldern« und den »kühnen, gigantischen Felsen« schwärmte, die »mit ewiger Begeisterung die Allmacht der Natur predigen und die urälteste Geschichte der Erde und das tiefe Wunder ihrer ewigen

Metamorphose enthüllen«. Da wusste einer, was das Wort Schöpfung meint.

Wetzel beobachtete: »Draußen auf dem platten Land lebt der Bauer nahe an der Dumpfheit des Tieres.« Er kam zu dem Schluss: »Manche Quadratmeile Thüringer Boden ist mehr wert, ist denkwürdiger als die ganze Mark Brandenburg samt Pommerland.« Das heutzutage stark von NPD-isten durchstunkene Pommerland kenne ich aus persönlicher Anschauung nur dürftig; was aber die Haste-mal-'ne-Mark-Brandenburg angeht, da irrte Wetzel nicht. Die kann man knicken. Übertritt man die Grenze zur berlin-brandenburgischen Provinz, wird alles grob. Als hätte ein gar nicht lieber Gott nur einmal kurz und verärgert mit der flachen Hand draufgehauen und geknurrt: »Un nu sieh ßu, wie de mit dir fertich wirst, du … Berlin-Brandenburch!«

Das heutige Gotha dagegen geizt nicht mit Glanz und hat auch Überraschungen im Angebot: »Was dem Münchner der Durst / ist dem Gothaer ›Wurst‹«, heißt es auf einem Schild im Schaufenster der Fleischerei Purschke. Das ist Thüringer Wursttradition; es gibt in Thüringen handgedrehte Würste, für die gute Männer aus besten Gründen sterben würden. Bei Purschke gleich nebenan aber lockte die Moderne, »JoJo's Spanische Tapa's + Cocktailbar«. Das Lokal war geschlossen, auf einem Aushang im Fenster wurde mitgeteilt: »Aus gesundheitlichen Gründen ist dieses Geschäft zu vermieten!« Ob sich da jemand an seinen Tapa's, Jojo's und anderen Apos'trophen verschluckt hatte?

Überhaupt gab Gotha Rätsel auf: Im Hinterhof des lokalen Lucas-Cranach-Hauses fanden sich drei reservierte Parkplätze. Der linke gehört der Verbraucherzentrale, der rechte den Rollstuhlfahrern, und der mittlere trägt stolz den Titel »Opfer des Stalinismus«. Wunderbar – das haben sie sich also erkämpft, unsere Opfer des Stalinismus, das kann ihnen keiner mehr wegnehmen: einen Parkplatz in einem Hinterhof in Gotha, und wenn da so ein Stalinist einmal unbefugt parkt, dann können seine Opfer ihn aber so was von legal und flink anzeigen und abschleppen lassen.

Es ist das Leben im freien Konsumismus. Ob Klempnerautor oder Berufsopfer des Stalinismus, es gilt das Prinzip: je weniger Substanz desto Konjunktur. Das lebenslänglich gewährte Gratisparkenmüssen neben der Verbraucherzentrale gönne ich allen Beteiligten von Herzen.

Und verzog mich wieder in den Wald, zum Pilz. Auch da lebt man nicht ungefährdet. Die natürlichen Feinde des Pilzsuchenden sind Maden, Schnecken und Rentner. Ihnen gilt es zuvorzukommen, denn alle drei Plagen sind gleichermaßen zahlreich wie hinterlistig. Mit Glück gelang es, bald füllte sich der Beutel mit samtkappigen Maronen und festen, Vorfreude auslösenden Steinpilzen. Im Hotel wurde die Beute geprüft und sortiert, gesäubert, scheibliert und mit der Nadel auf Fäden gezogen. Die so entstandenen Pilzketten wurden im absichtsvoll sonnig abgestellten Auto aufgehängt. Kräftig, würzig und die besten Soßen verheißend duftete schon bald das Steinpilzmobil – das also auch olfaktorisch jedem Papamobil unbedingt vorzuziehen ist.

Sacht verrichtet sich das Pilzwaidwerk, ohne Piffpaff und Donnerbüchse, still und spirituell – dies als kleiner Hinweis für würdefreie Werbeträger wie den beziehungsweise das Teletubbie Papst Benedikt Schwatzratz.

Wo die Blumen sind

»Sag mir, wo die Blumen sind ...« –
Fand ich als Text bescheuert.
Den Texter hätte jedes Kind,
So schon bei Trost, gefeuert.

Aber *Wo die Blumen sind,*
Das wissen Herz und Nase.
Ich weiß, wo alle Blumen sind:
Sie blüh'n in deiner Vase.

Ein deutscher Innenweltenbummler

Joseph von Eichendorffs »Aus dem Leben
eines Taugenichts« mit Bildern von Hans Traxler

Es GIBT ELTERN, DIE SICH als Sponsoren ihrer Kinder miss-
verstehen und sie, aus welchen schlechten Gründen auch
immer, bis zum Ende ihrer Tage subventionieren. So senti-
mental und verkitscht muss man nicht sein. Der alte Müller
will seinen faulpelzigen Sohn nicht länger auf der Tasche liegen haben und schickt ihn fort: »Du Taugenichts! da sonnst
du dich schon wieder und dehnst und reckst dir die Knochen
müde, und lässt mich alle Arbeit allein tun. Ich kann dich hier
nicht länger füttern. Der Frühling ist vor der Türe, geh auch
einmal hinaus in die Welt und erwirb dir selber dein Brot.«
So beginnt Joseph von Eichendorffs berühmte Novelle »Aus dem Leben eines Taugenichts« von 1826. Für Eichendorff war ein Taugenichts allerdings kein Tunichtgut
und erst recht kein Spitzbube; er hielt sich an die Definition
Achim von Arnims, nach der ein Taugenichts ein Suchen-
der ist, der den bürgerlichen Normen von Nutzgewinn und
Leistung entflieht. Der Taugenichts ist ein Gegenentwurf zu
den Trägen, den »Philistern«; der Philister ist *das* Abzieh-
feindbild der deutschen Romantiker: der Spießbürger, der
Satte, Selbstzufriedene, der in einem engen Leben sich ein-
richtet, der seine wohlbequeme Begrenztheit für den Horizont hält und zum Maß aller Dinge erhebt.
Dagegen lebt auch Eichendorffs Novellenheld an. »In die
freie Welt hinaus« zieht er, seine »liebe Geige« hat er bei
sich, und es ist ihm »wie ein ewiger Sonntag im Gemüte.«
Sogleich nimmt ihn eine Postkutsche wienwärts mit sich
fort, er macht die Bekanntschaft einer Dame, wird Gärtner-

bursche, später Zolleinnehmer, zieht weiter bis nach Rom, durchlebt allerlei Abenteuer und Irrungen, und so leicht er auch reist, so hat er doch schweres Gepäck bei sich: ein tiefes, großes deutsches Sehnen in seinem Herzen.

Denn der frei vagabundierende Naturbursche, der in der Schöpfung vulgo der Natur das göttliche Prinzip zu finden sucht, ist keineswegs fröhlich und unbekümmert. Wehmut und Sehnsucht sind seine ständigen Begleiter, er fühlt Heimweh nach »der schönen Heimat in der Ferne«, und er ist randvoll Unglück, weil die Dame seines Herzens unerreichbar scheint. In banger Anbetung nennt er sie »die schöne gnädige Frau« oder »die schöne Fraue«, ganz in der Tradition der Minnesänger und Troubadoure, die ihrer *frouwe* dienten. Die Kehrseite des verehrenden Niederkniens ist die Verkindlichung und Verniedlichung der Frau, deren »Gesichtchen«, »Köpfchen« und »Händchen« lullundlall besungen werden. Mögen andere Waffen versagen – der Diminutiv ist zuverlässig tödlich.

Vom Schicksal hin und her geworfen, taumelt der junge Mann durchs Land, nicht von eigenen Zielen ist sein Weg bestimmt, er ist ganz Spielball des Geschicks: zerrissen, unausgegoren, ein Maniker, der schlagartig in passive Trauer und Trübsal verfallen kann, um wenig später zu euphorischer Raserei zurückzukehren. Mal »lacht« ihm »das Herz recht im Leibe« und ihm ist »sternklar im Herzen«, dann »klopft« es ihm »zum Zerspringen« oder ihm fällt »die schöne alte Zeit mit solcher Gewalt aufs Herz«, dass er »bitterlich hätte weinen mögen«. Mal ist er optimistisch »voll Gedanken und stiller Erwartung«, dann doch lieber »voller Gedanken und weiß nicht aus noch ein«. War ihm just »so kühl und fröhlich zumute«, fühlt er sich gleich »arm und verspottet und verlassen von der Welt« und wirft sich »in das Gras hin und weint bitterlich«, bis ihn wieder »alle die alte Wehmut und Freude und große Erwartung« packt. So geht es in einem fort: Ob Freude oder Leid, Tanzvergnügen oder Träne, Hü oder Hott, Maggi oder Knorr, immerzu wird emotionales Vollgas gegeben. Es vollzieht sich das Schwelgen / auf Breitreifenfelgen.

So wird er allmählich ein bisschen sehr anstrengend, unser romantischer deutscher Mensch mit seiner nie innehaltenden Gefühligkeit, denn »wild und bunt und verstört im Herzen« ist der Held, und Selbstmitleid ist ihm auch nicht fremd: »Mir ist's nirgends recht. Es ist, als wäre ich überall eben zu spät gekommen, als hätte die ganze Welt gar nicht auf mich gerechnet.« Was soll man da sagen außer Schluchzbuhu?

Ständig ist der junge Innenweltenwanderer und -bummler bis zur Selbstbesoffenheit von sich durchdrungen: »Ich war wie betrunken von Freude und von dem Rumor, und rannte in meiner Fröhlichkeit immer grade fort, bis ich zuletzt gar nicht mehr wusste, wo ich stand.« Woraufhin dem Leser auch nicht mehr ganz klar ist, wo ihm der Kopf steht und weshalb sich, als Antidot gegen allzu viel Schwärmerei, der Wunsch nach ironischer Distanzierung bemerkbar macht. Der letzte Satz des zweiten Kapitels lautet: »So zog ich zwischen den grünen Bergen und an lustigen Städten und Dörfern vorbei gen Italien hinunter.« Die unglücklich doppeldeutige, unfreiwillig komische Formulierung »gen Italien« lässt sich mit einem Lied des Zürcher Musikers und Autors Boni Koller kontern. Es trägt den Titel »Praecox«, hier ist der komplette Text:

Wir fuhren südwärts gen Italien,
Wir fuhren südwärts gen Italien,
Wir fuhren südwärts gen Italien,
Doch schon im Tessin da war die Liebe hin.

So kurz und trocken geht es doch auch. Italophilie, eine deutsche Mode schon seit den Zeiten von Goethes Vater, macht, wie Projektionen das so an sich haben, nicht per se glücklich. Nachdem Italien sich ihm nicht so darbietet, wie er sich das wünschte, ist selbstverständlich das Land schuld, und Eichendorffs Held trollt sich entsprechend schwer enttäuscht: »Ich nahm mir nun fest vor, dem falschen Italien mit seinen verrückten Malern, Pomeranzen und Kammerjungfern auf ewig den Rücken zu kehren, und wanderte noch zur selbigen Stunde zum Tore hinaus.«

Viel muss er noch erleben, erleiden, erdulden und vor allem ganz tief empfinden, bis er endlich heimkehrt und sagen kann: »und es war alles, alles gut!« Da ist dann auch der Leser froh, dass es einmal ein Ende hat mit dem Gefühlsgebrause und -georgel. Und schließt sich dem guten Rat an, den ein weiser Mann den Liebenden gibt, als sie sich final so kriegen, wie es im Roman eben sein muss: »Liebt euch wie die Kaninchen und seid glücklich!«

Was zu den explizit komischen Momenten der Novelle zählt. Eichendorffs »Taugenichts« hat vieles, was am deutschen Wesen ungut ist: das Schwerblütige, das Umwölkte, das Gründelnde, das Unpräzise, das Funzlige und Dunkle. Dem gegenüber steht eine bildreiche Sprache, die – bei aller Abneigung gegen die rückwärtsgewandte Gemütsverstörung der deutschen Innerlichkeit – ein Genuss ist: »Alles das versenkte mich recht in einen Abgrund von Nachsinnen. Ich wickelte mich, gleich einem Igel, in die Stacheln meiner eigenen Gedanken zusammen; vom Schlosse schallte die Tanzmusik nur noch seltner herüber, die Wolken wanderten einsam über den dunkeln Garten weg. Und so saß ich auf dem Baume droben, wie die Nachteule, in den Ruinen meines Glücks die ganze Nacht hindurch.« Schön ist das nicht, aber es ist sehr schön gesagt.

Ein Springquell der Freude ist der 2007 bei Reclam erschienenen neuen Ausgabe ohnehin beigegeben: Der Dichterzeichner und Maler Hans Traxler hat den »Taugenichts« farbig illustriert. Traxlers Blätter treffen die Eichendorffsche Mischung aus Schlichtheit, Angerührtheit und Traumverlorenheit, aus Weltanstaunung, Kleinbürgersehnsucht und dem stets ins Weite, Nichtgegenwärtige und verklärte Vergangene schweifenden Blick ganz genau. Auch der runde Pinselstrich kommt dem Wesen des Dichters nahe: Hier waltet die Romantik, ohne Frage, aber die säuselnden Nebel des Novalis sind längst passé, und der Hölderlinsche Eigenirrsinn bleibt außen vor, hier hat man noch alle auf der Latte und nicht schon auf der Kamalatta.

Traxler kennt Eichendorffs Spätromantik, die, gemessen an ihren Vorläufern, an Süßlichkeit erfreulich eingebüßt hat. Für heutige Betrachter ist immer noch überreichlich davon da – Traxler aber widersteht der Versuchung, diesen Klassiker der Spätromantik nachträglich zu verhohnepiepeln.

Nicht minder hoch kann man die Arbeit des Herausgebers Hartwig Schultz schätzen, dessen Anmerkungen etymologisch, literaturwissenschaftlich und historisch erhellend sind. In seinem Nachwort schlägt Schultz, ohne bemüht zu sein, den Bogen von 1826 bis heute und präsentiert Peter Handke als einen Schriftsteller, der gegen philisterhaft besserwisserische Weltaneignung und -bestimmung die Magie des eigenen Welt-Erlebens setzt: »Es ist ja eine Schande, wie wenig wir erleben. Der Alltag ist schändlich leblos.«

Wogegen man die Reise- und Wanderstiefel schnüren kann, wenn man gewillt ist, auch etwas anderes als sich selbst und seine wunde Seele zu erleben. Eichendorffs unter dem Titel »Der frohe Wandersmann« bekannt gewordenes Gedicht findet sich schon im »Taugenichts«; die erste Strophe lautet:

Wem Gott will rechte Gunst erweisen,
Den schickt er in die weite Welt,
Dem will er seine Wunder weisen
In Feld und Wald und Strom und Feld.

Das einfache Volk, stets mehr an vitalen, handfesten Freuden als an spirituellen Sensationen interessiert, machte sich Eichendorff durch Verballhornung passend. Als Kind, von keiner Eichendorff-Zeile berührt, lernte ich diese Fassung:

Wem Gott will rechte Gunst erweisen
Den schickt er in die Wurstfabrik
Den lässt er in die Knackwurst beißen
Und wünscht ihm Guten Appetit.

Die Feder und die Furcht vor ihr

Über Heinrich Heine, den man lesen muss,
aber bitte nicht quer

GEBURTS- UND TODESTAGE berühmt gewordener Frauen und Männer zu begehen gehört zum Pflichtprogramm des Feuilletons. So pflegt man die Kultur, auf die man sich berufen möchte, und die Tradition, in der man sich sieht. Man ergreift die Gelegenheit, auf Menschen hinzuweisen, deren Werke einem etwas bedeuten. Die Gefahr der Langeweile besteht durchaus – allzu oft werden die Jubiläen wie auch die Jubilare routiniert heruntergekaut, Texte, die sich schon beim letzten Anlass eins a wegdrucken oder versenden ließen, werden recycelt. So bekommt man viele Feuilletonseiten und viele Kulturprogramme voll, hat noch dem Bildungsauftrag Genüge getan und ist auf der sicheren Seite. Das ist leblos und öde.

Es geht aber auch anders – wenn beispielsweise der Gegenstand der Betrachtung so lebendig ist, dass er nicht einmal durch Lobreden und Feierstunden zu beerdigen ist. Ein solcher Gegenstand ist das Werk von Heinrich Heine. Man kann es nicht ein- und damit wegsortieren, es ist zu vielfältig, zu widersprüchlich und damit zu gut für ein Etikett.

Am 17. Februar 1856 starb Heinrich Heine und hinterließ sein Leben: Wörter, die jeden entzücken müssen, der Dichtung weder für eine Klempnerware noch für Germanistenbeute hält. Heine ist für Literaturwissenschaftler viel zu schade und viel zu stark; er verträgt noch heute jede Menge Leser, die nicht aus akademischem Zwang, sondern aus Lust an intelligenter Unterhaltung lesen. Das nämlich hat Heine gekonnt: Unterhaltung, die leichte Sache, die so schwer zu machen ist.

In Deutschland ist Unterhaltung traditionell etwas Minderes; wer mit Sprache und Gedanken spielt, ist den Philologen verdächtig und wird als unernsthaft abgetan. Was federleicht formuliert ist, gilt als gering auch an geistigem Gewicht und Gehalt; die Lüge von der E- und der U-Literatur hält sich hartnäckig. Wer wie Grass dröhnend belästigt – ich zitiere wörtlich: »Auf Weihnachten wünschte ich eine Ratte mir« –, hat alle Chancen, für einen Schwerdenker durchzugehen.

Wer dagegen mit Großem heiter und licht umzugehen vermag wie F. W. Bernstein – »Kafka liebt die Sprache und / hat dazu auch allen Grund« –, muss sich mit einem Bruchteil an Aufmerksamkeit und Auflage begnügen. Allenfalls noch Kinder- und Jugendbuchautoren gesteht man Luftiges zu; explizit komische Autoren wie Robert Gernhardt wurden vom Großfeuilleton jahrzehntelang ignoriert – und werden auch erst dann in den Gesangverein der Langeweiler aufgenommen, wenn sie sich auf das Niveau herabgegeben, das Professoren zwar als »spaßig«, aber eben auch, ganz wichtig, als »seriös« empfinden.

Wovon sich die Landsleute unterhalten fühlen, ist erstaunlich. Die Kotorgel Oliver Pocher gilt vielen Deutschen als »unterhaltsam«; was meinen sie bloß damit? Wenn Marcel Reich-Ranicki im Fernsehkasten wild um sich fuchtelnd und komplett argumentfrei »Diesäs Buch ist Dräck« jodelte, wurde sein angeblicher »Unterhaltungswert« gefeiert. Warum nur? Dass es Unterschiede zwischen Oliver Pocher und Marcel Reich-Ranicki gibt, wird kaum jemand abstreiten – einer davon besteht darin, dass Reich-Ranicki Heine zwar auch nicht gelesen, aber immerhin doch quergelesen hat.

Das Gegenteil des Lesers ist keinesfalls der Nichtleser, sondern der Querleser. Der Querleser verhält sich zum Leser wie der Querdenker zum Denker; wie der Querdenker das Denken, so macht der Querleser das Lesen talkshowtauglich. Verglichen mit dieser Schmähung mutete der fanatische Analphabetisierungsfeldzug von Pol Pot geradezu respektvoll an. Die massenmörderische Angst des Diktators vor der Fähigkeit, lesen, schreiben und denken zu können, spiegelte auf pervertierte Weise die Kraft wider, die von Wort, Schrift und Gedanken ausgeht. Womit wir – bitte verzeihen Sie diesen langen Anlauf – beim Loben Heinrich Heines angelangt sind. Der Mann schrieb so gut, dass er den Klugen Bewunderung und den Dummen Furcht einflößte. In seinen eigenen Worten klingt das so:

»Ich habe die Erfahrung im Leben gemacht, dass ich durch die Furcht vor meiner Feder mehr ausrichten kann als durch die Feder selbst, und diese Furcht gehörig auszubeuten in meinem Interesse ist die große Aufgabe.«

Präzise gesagt – der Mann hatte einen Ruf, den er sich aber auch erarbeitet hatte. Nur mit Hype – wie z. B. 2006 bei den dummaufsichstolzen Jungunternehmer-La-la-laweilern von Tomte – funktioniert das nicht. Heine war klug in den Dingen, die zählen: in der Liebe, der Dichtung (vulgo dem Musischen) und in der Politik. Ersatzstoffe wie Religion fertigte er gekonnt lässig ab:

Unser Gott liebt die Musik,
Saitenspiel und Festgesänge;
Doch wie Ferkelgrunzen sind
Ihm zuwider Glockenklänge.

So viel zum Wert religiöser Rituale; was vom Glauben zu halten ist, wusste Heine ebenfalls:

Ich glaub nicht an den Himmel,
Wovon das Pfäfflein spricht;
Ich glaub nur an dein Auge,
Das ist mein Himmelslicht.

Ich glaub nicht an den Herrgott,
Wovon das Pfäfflein spricht;
Ich glaub nur an dein Herze,
'nen andern Gott hab ich nicht.

Ich glaub nicht an den Bösen,
An Höll und Höllenschmerz;
Ich glaub nur an dein Auge,
Und an dein böses Herz.

Der Mann wusste um die Dinge, und er konnte sie wunderbar sagen. Allein das »Pfäfflein« ist Zeitkolorit; den abfälligen Diminutiv kann man sich heute sparen – bis zum nächsten Mal, wenn die Glaubensterroristen wieder so dick im Sattel sitzen, wie sie das immer wollen. Was ihnen aber, auch Heine sei Dank, eben nicht immer gelingt.

Aktuell ist auch Heines Diktum über »jenen beschränkten Teutomanismus, der viel von Liebe und Glauben greinte, dessen Liebe aber nichts war als Hass des Fremden und dessen Glaube nur in der Unvernunft bestand« – mit den werbeagenturflachen, jung&matten »Du bist Deutschland!«-Brülleimern zu Beginn des dritten Jahrtausends verhält es sich nicht anders.

In Deutschland wird Intelligenz oft als Mangel an Gefühl denunziert, als Kälte. Heine wusste, dass Klugheit und Gefühl, dass Verstand und Herz untrennbar miteinander verbunden sind – und notierte: »Alle Menschen, die kein

Herz haben, sind dumm. Denn die Gedanken kommen nicht aus dem Kopfe, sondern aus dem Herzen.«

Auch über die Liebe, also über Glück und Unglück, macht Heine weder sich noch anderen etwas vor:

Aus meinen großen Schmerzen
Mach' ich die kleinen Lieder;
Die heben ihr klingend Gefieder
Und flattern nach ihrem Herzen.

Sie fanden den Weg zur Trauten,
Doch kommen sie wieder und klagen,
Und klagen, und wollen nicht sagen,
Was sie im Herzen schauten.

Heine durchmaß das, und weil er kein eitler, geiziger Schmock und Lohnschreiber war, legte er seine Erkenntnis ohne Rücksicht auf den Tisch:

Das Glück ist eine leichte Dirne,
Und weilt nicht gern am selben Ort;
Sie streicht das Haar dir von der Stirne
Und küßt dich rasch und flattert fort.
Frau Unglück hat im Gegenteile
Dich liebefest ans Herz gedrückt;
Sie sagt, sie habe keine Eile,
Setzt sich zu dir ans Bett und strickt.

Noch etwas? Ja, unbedingt: den politisch kämpfenden Heine, dem Pathos nicht fremd ist – warum auch, wenn es vom Fachmann gemacht ist? Revolutionslieder brauchen einen anderen Ton als das Lied von der Loreley – »Die schlesischen Weber« sind guter, harter, wahrer Stoff:

Im düstern Auge keine Träne,
Sie sitzen am Webstuhl und fletschen die Zähne:
Deutschland, wir weben Dein Leichentuch,
Wir weben hinein den dreifachen Fluch –
Wir weben, wir weben!

Ein Fluch dem Gotte, zu dem wir gebeten
In Winterskälte und Hungersnöten;
Wir haben vergebens gehofft und geharrt,
Er hat uns geäfft, gefoppt und genarrt –
Wir weben, wir weben!

Ein Fluch dem König, dem König der Reichen
Den unser Elend nicht konnte erweichen,
Der den letzten Groschen von uns erpreßt,
Und uns wie Hunde erschießen läßt –
Wir weben, wir weben!

Ein Fluch dem falschen Vaterlande,
Wo nur gedeihen Schmach und Schande,
Wo jede Blume früh geknickt,
Wo Fäulnis und Moder den Wurm erquickt –
Wir weben, wir weben!

Das Schiffchen fliegt, der Webstuhl kracht,
Wir weben emsig Tag und Nacht –
Altdeutschland, wir weben Dein Leichentuch,
Wir weben hinein den dreifachen Fluch,
Wir weben, wir weben!

Dass ich dieses Stück im Alter von 18 oder 19 Jahren gemeinsam mit Wolfgang Kornfeld (Gitarre, Gesang), Hartmut Simon (Gitarre, Gesang), Karsten Kurz (Bass) und – ty-

pisches Schlagzeugerschicksal – einem mir namentlich nicht mehr bekannten Trommler vertonte und mehrfach aufführte, zählt zu den verzeihlichen Sünden meines Lebens. Wir waren jung, bedingt musikfähig, verträumt, leidenschaftlich und kein bisschen fertig gebacken – doch mit dem ha-ha-ironisch sein sollenden, aber bloß dumm korruptionsver-herrlichenden Satz »Wir waren jung und brauchten das Geld« hätte man uns um die Welt jagen können. Wie ein Webstuhl funktioniert, wussten wir nicht; mit der Wut der Betrogenen indes fühlten wir uns vertraut. Und sangen also, jungmännerzornig: »Wir weben!« Was heißen sollte: Wir leben – auch gegen euren Willen und eure Vorstellung. Unsere Bemühungen, Heine etwas Adäquates an die Seite zu stellen, waren künstlerisch erfolglos – falsch waren sie nicht. Vom damals seit ungefähr 125 Jahren toten Heinrich Heine jedenfalls haben wir niemals Beschwerden vernommen.

Grabgebinde für Marcel Reich-Ranicki

Er war ein Elefant im Paul-Celan-Laden,
der mit dem Kanon auf Spatzen schoss.

»Mehr Freiraum im Kopf«

Ein Jahr Rechtschreibreform

SEIT DEM 1. AUGUST 2006 GIBT ES in Deutschland eine länderübergreifend verbindliche Rechtschreibregelung. Nach Aussage deutscher Philologenvereinsvorsitzender hat sie den Schülern, zu deren Wohl sie vor allem erarbeitet werden sollte, im ersten Jahr ihrer Gültigkeit keinerlei Erleichterung gebracht. Unsere Heranwachsenden, klagen die Pädagogen, schrieben nach wie vor jede Menge Unsinn in ihre Schulhefte und hätten jetzt auch noch eine billige Entschuldigung dafür: eine Rechtschreibreform, die so viel Verwirrung gestiftet habe, dass niemand mehr wisse, was richtig und was falsch sei. Weshalb viele Lehrer im Fach Rechtschreibung keine Zensuren mehr gäben und vor dem Chaos in stummer Verzweiflung oder Erbitterung kapitulierten.

Schüler sind findig und gerissen und dürfen das auch sein. Sie orientieren sich nicht perspektivisch, sondern sind an schnellen Problemlösungen interessiert: Sie wollen eine möglichst gute oder doch immerhin eine möglichst wenig schlechte Note bekommen, egal wie. Wenn wegen der Rechtschreibreform die Rechtschreibung gar nicht mehr bewertet wird, sind sie auch aus dem Schneider. Der vielbemühte Satz, dass wir nicht für die Schule, sondern für das Leben lernten, stimmt zwar, geht aber seit Jahrhunderten allen Schülern auf die Nerven. Die stellen sich unter Leben eben etwas sehr Jetziges und nichts Späteres vor. Später ist man nämlich alt oder tot.

Wenn man von jemandem etwas mehr Durch- und Überblick erwarten könnte, dann von den Erwachsenen. Doch hier gilt: Pustekuchen, Fehlanzeige, Vergiss es, Nux Nill be-

ziehungsweise Nichts, Null. Sehr deutlich erinnere ich mich
an die Art und Weise, wie die Gegner und die Befürworter
der Rechtschreibreform aufeinander losgingen. Vor allem
die Gegner stritten mit kleinlichem, tiefdeutschem Ernst;
kein Geschütz war ihnen zu groß, es drohte mindestens der
Untergang des Abendlandes, der schon so lange heraufbe-
schworen wird, wie es das Abendland gibt. (Das Büchlein
»2000 Jahre Untergang des Abendlandes« wollte ich schon
in den neunziger Jahren schreiben und gemeinsam mit dem
Zeichner Rattelschneck herausbringen, es kam aber aus ver-
lorengegangenen Gründen nicht dazu.) Freund und Kollege
Franz Dobler spottete über das kulturpessimistische Zetern
der vereinsmeiernden Schützer und Retter der deutschen
Sprache: Was sollen wir nur unseren Kindern sagen, wenn
sie uns einmal fragen werden: Wo wart ihr, als sie das Esszett
abgeholt haben?

Es ist traditionell ein Steckenpferd der Deutschen, sich
mangelnder Sprachtreue und Sprachstrenge zu bezichtigen.
Gottfried Wilhelm Leibniz monierte bereits am Ende des
17. Jahrhunderts, »dass man vielleicht, solange Deutschland
steht, nie darin undeutscher und ungereimter geredet hat«.
Diesen sehr allgemeinen Klagejammer alle paar Jahre wieder
aufzuwärmen und zu litanieren wirkt müde und einfallslos.

Die Rechtschreibreform hat sinnvolle Veränderungen
herbeigeführt – dass man beispielsweise »platzieren« seitdem endlich mit »tz« schreiben darf statt nur mit »z«, folgt
den Gesetzen der Logik und der deutschen Sprache. Aber
dass ein »Portmonee« in der Mitte ohne und hinten dafür
mit doppeltem »e« geschrieben werden soll, leuchtet nicht
ein: Die beiden französischen Wörter *porter* = tragen und
monnaie = Geld, aus denen das Wort »Portemonnaie« zu-
sammengesetzt ist, sind dann nicht mehr zu erkennen. Da
wurde etwas Organisches zerstört beziehungsweise durch

etwas rein Willkürliches, Beliebiges und Anbiederndes ersetzt.

Ob hingegen jemand seiner Angewidertheit Ausdruck verleiht, indem er das Wort »ekelerregend« adjektivisch benutzt und also klein und zusammen schreibt, oder ob er die unangenehme Empfindung leicht verlangsamt, sie in Substantiv und Partizip aufteilt und »Ekel erregend« in zwei separierten Wörtern aufschreibt, macht zwar einen Unterschied, aber keinen bedeutenden. Auch über die Frage, ob jemand in einem kleingeschriebenen Wort »freudestrahlend« sein kann oder ob er in drei Worten »vor Freude strahlend« sein muss, können sich ausschließlich engstirnige, fanatische, humorferne Existenzen in die Köppe kriegen, die mit ihrer Zeit nichts Schöneres anzufangen wissen. Sondern sofort scharf und erbsenzählend zur Inquisition schreiten: »Wie? ›In die Köppe kriegen‹? Heißt das nicht ›in die Klotten‹? Oder ›in die Wicken‹?« Und wenn nun alles drei gönge – wären Welt und Abendland und alles dann futschikato? Oder um ein paar Varianten reicher?

Zum Glück sind Wörter nicht nur Philologenfutter und Objekte rechthaberischer Schulmeister oder eifernder Reformer. Sie sind Form- und Klangkörper, sie sind Träger von Inhalt, von Fug und Unfug – und sind sie wunderbares Spielzeug. Beim spielerischen Umgang mit Sprache kann man sich in schöpferische Freude tunken, sich versenken und in die glückliche Lebensform des *homo ludens* übergehen. Dabei gilt, wie im Jazz: Wer frei spielen will, muss die Materie beherrschen. Um Regeln kunst- und sinnvoll brechen zu können, muss man sie erst einmal studieren und kennen. Wer also will und kann, der schreibe seinen eigenen Freistil – mit der Betonung auf Stil.

Ob einer aber nur effekthascherisch herumpaukt, zeigt die Sprache selbst. Sprache ist der perfekte Lackmustest für

Angeberei und Gedankenferne; unbarmherzig entlarvt sie die Schwallos und Quallos aller Couleur. Unangenehmer als ein paar Schwierigkeiten mit der Groß- oder Kleinschreibung ist das Ausgießen von modischem Sprachmüll. Wenn der *KulturSpiegel* im August 2007 über eine Sängerin behauptet, sie habe »sich neu erfunden«, ist das zwar formal richtig geschrieben – eine zu Tode gejuckelte, ausgeleierte, lederne Pop-Phrase bleibt es dennoch. Die *Frankfurter Rundschau* bewirbt ihr neues Tabloid-Format in Anzeigen mit den prädikatlosen Flottsätzen »Für mehr Freiraum im Alltag. Und mehr Freiraum im Kopf«. Da wird der Hohlraum im Kopf des Werbetexters so überdeutlich sichtbar, dass man kaum mit dem Finger darauf zeigen mag.

Statt also Schüler mit Rechtschreibregeln von erschütternder Vorläufigkeit zu behelligen, sollten Erwachsene, die sich Sprachprofis nennen, nachsitzen und ihr Handwerkszeug lernen. Wenn die Henne überzeugend gackert, kann das Küken ihr auch folgen.

Mein Wunschfunk

RADIO IST DAS EINDRINGLICHSTE MEDIUM, das es gibt. Wenn ich über den Funk spreche, dann meine ich damit richtiges Radio und nicht das Zeug, auf dem »Antenne« steht oder »Energy« oder »Gong« oder sonst etwas Unvorstellbares. Die Ballerbuden mit Rundumdieuhrgeschrei, Geldverschenkgebrüll und anzüglichen Morgen-Crews können bitte dichtmachen und für immer aus dem Äther verschwinden. Für diese irreführenderweise »privat« genannten kommerziellen psychopathologischen Belästigungen wurde der Kapitalismus ausgeheckt, nicht aber das Radio erfunden.

Denn das Radio an sich ist gut. Eine bessere Schule des Schreibens gibt es nicht – der Radioautor muss auch die komplexesten Gegenstände klar und verständlich darlegen; seine Hörer können schließlich nicht zurückblättern. Der Radiohörer hat eine Chance und nur diese eine, und die muss er auch bekommen. Der Weg zwischen Sprechermund und Hörerohr darf nicht mit sprachlicher, also geistiger Insuffizienz vollgeklumpatscht werden.

Das menschliche Trommelfell zählt zu den zartesten unter den Organen. Wenn man gut zu ihm ist, dankt es das mit Großzügigkeit. Die ganze Welt lässt das Ohr in uns hinein, und es hat tatsächlich die ganze Welt in uns Platz. Das Auge ist leicht bestechlich und quasi der Luffi unter den Sinnesorganen, weshalb auch die alte anthropologische Frage »Stumpft der Mensch von Gaffen ab?« wahrheitsgemäß nur mit Ja beantwortet werden kann. Das geübte Ohr aber ist fein; keine Lüge entgeht ihm, kein falscher Ton.

Auch dafür muss man das Radio lieben: Es zeigt, dass Sprache nie nur Inhalt und Form ist, sondern immer auch Klang. Wörter haben eine onomatopoetische, also lautmalende Komponente; wer sie vernachlässigt, wird nie erfahren, was Poesie ist. Umso unbegreiflicher ist, warum das Radio sein ureigenes Terrain der Klarheit und der Wahrhaftigkeit aufgab, zugunsten eines Konsensgegurkes und -gemurkses, das einem die Tränen in die Ohren treiben kann.

Warum Formatradio? Wozu zwanghafte Doppelmoderationen? Wieso Geschnatter und Geknatter? Weshalb nicht altmodisch das Richtige tun und gute Texte aller Genres von Menschen sprechen lassen, die diese Texte in Inhalt, Rhythmus und Melodie verstehen und ihnen durch ihre markante und angenehme, also verbindlich anschleimfreie, unaufdringliche Stimme noch den akustischen Letztglanz geben? Und diese Texte mischen mit der schönsten Musik? Es ist alles in Hülle und Fülle vorhanden – der Griff zum modischen Quark vollzieht sich ohne Not. Schließlich gibt es nichts Peinlicheres als die Mode von vor anderthalb Stunden.

Wer Radio machen will, braucht ein freies Herz, einen guten Verstand und offene Ohren. Dünkel egal welcher Art kann nur schaden. Wenn aus Kulturradios Kulturunmutbuden oder sogar Kulturunmutzumutungsbuden werden, verhilft das zwar dem Buchstaben »u« zu größerer Verbreitung, sonst aber niemandem. In öffentlich-rechtlichen Sendern, die nicht umsonst Anstalten heißen, ist es gängige Praxis, Redakteure mit täglichen Sitzungsritualen zu entmutigen und zu quälen, um sie zu stromlinisieren, ihnen den Schneid abzukaufen und sie davon abzubringen, gemeinsam mit ihren Autoren Sendungen auszubaldowern und zu erfinden, die der Welt Schönheit hinzufügen statt weiterer überflüssigen Animationsgargel.

Das Fernsehn erzählt schon lange nichts mehr über die Wirklichkeit, sondern nur darüber, was das Fernsehn aus der Wirklichkeit macht und wie es Ersatzwirklichkeit schafft. Fernsehn ist das Präservativ der Wirklichkeit. Ihm darin nicht zu folgen, ist nicht nur die große Chance des Radios, es ist auch seine einzige.

Ein Mann soll ein Haus bauen

»Bauherrenjahre sind Lehrjahre«, sagte der Lektor aufgeräumt und sog an seinem Zigarillo. Er saß unter einer großen Kiefer vor seiner Datsche, nahm einen Schluck Bier und betrachtete sein Gartengrundstück. Es war grün, der Baumbestand war nicht üppig, aber ausreichend schattenspendend, und gut 100 Quadratmeter Boden waren mit Beton bedeckt. Die Betonfläche war mit Teerpappe versiegelt, die in der Sonne glänzte. Hier würde das Haus stehen, sein Haus.

»Stahlbewehrt«, sagte der Lektor; man hörte, dass er das Wort erst in letzter Zeit kennengelernt und seitdem unverhältnismäßig häufig ausgesprochen hatte. »Die Bodenplatte ist stahlbewehrt. Bevor ich anfing zu bauen, wusste ich gar nicht, was es alles gibt. Jetzt weiß ich das.« Er lachte und fragte mit gespieltem Fatalismus in die Runde: »Möchte noch jemand einen Whisky?« Sich selbst goss er einen guten Schlag ein. Versonnen betrachtete er die bernsteinfarbene Flüssigkeit. »Einen Baum zeugen und Kinder pflanzen ist gut«, murmelte er. »Aber ein Haus bauen ist die Meisterprüfung. Erst wer ein Haus gebaut hat, weiß wirklich, was läuft. Vorher kann man gar nicht mitreden.«

Ich ahnte, was er meinte. Meine Eltern hatten ein Haus umgebaut, als ich ein Junge war. Das Leben hatte sich von etwas freundlich Dahingleitendem in ein Bauherrenmodell verwandelt. Bauherr ist ein anderes Wort für Sklave. Als Kind hat man die Masern, Windpocken, Scharlach, Mumps oder alte Tanten, die einem mit Taschentuch und Spucke einen Fleck aus dem Gesicht reiben wollen. Als Erwachsener hat man das Feuilleton und die Handwerker. Handwerk hat goldenen Boden, heißt es, aber die Bodenplatte des Lektors war schwarz, so schwarz wie seine nähere Zukunft.

Kiecker und Drieling hatte eine der Schurkenfirmen geheißen, die meinen Eltern Geld und Nerven wegfraßen – da es sich um Maler handelte, hießen sie bei uns nur Klecker und Drieling. Klecker war lang und dünn, Drieling kurz und dick, beide waren ausgebuffte Gewohnheitsverbrecher – Handwerker eben. Nur mein jüngerer Bruder brachte sie einmal kurz aus ihrer demonstrativen Hände-in-den-Latzhosentaschen-Gemütsruhe. Inspiriert von der Stummfilmserie »Väter der Klamotte« begrüßte er die Halunken mit den Worten: »Aaah, Pat und Patachon, die Herren Unternehmer!« Das saubere Pärchen kuckte ziemlich säuerlich aus der Wäsche, aber einem Fünfjährigen konnten die beiden nicht gut etwas tun. Zumal der Fünfjährige ihnen geistig weit überlegen war.

Der Bauherr verhält sich zum Menschen wie der Schwingschleifer zum Swingtänzer. Das Bauen hat noch jeden fertiggemacht; es hat Ehen zerrüttet und zufriedene Männer in Wracks verwandelt. Wer baut, braucht keine andere Arbeit und keine Feinde mehr, und der Spott seiner Freunde ist ihm ohnehin gewiss. Der Lektor war ein kluger Mann und Philosoph, er hatte eine schöne Frau und wohlgeratene Kinder, seine Arbeit war vielseitig und gut. Warum baute dieser Mann ein Haus? Es gab doch schon so viele Häuser.

Ich ging zur Toilette. Auf dem Fensterbrett lag ein dickes Buch, das alt und zerlesen aussah. Ich nahm das Buch in die Hand, sein Titel lautete: »Wohne im eigenen Heim«. Der Autor war ein gewisser Marquis de Sade.

I-Tupf des Wissens

Tom Petty und sein Album »Highway Companion«

ALS ICH TOM PETTY DAS ERSTE MAL SAH – es war die Fernsehaufzeichnung eines Konzerts der Band *Tom Petty and the Heartbreakers* –, stand da ein schmaler, ja schmächtiger Mann mit Gitarre am Mikrophon, weißblond und fahl und so mager, dass ich glaubte, ihn auf der flachen Hand wegtragen zu können. Die Augen hatte er zusammengekniffen, er sah aus wie ein bekifftes Kaninchen. Dann fing der Mann an zu singen. »It's allright if you love me, it's allright if you don't ...« Es folgte eine unglaublich langsame, laszive Version von »Hit the road, Jack, and don't you come back, no more, no more, no more, no more ...« – ein genussvoll ausgebreitetes »Tschüssikowski!«. Seitdem habe ich Tom Petty nie wieder unterschätzt.

Petty zeigt echte Größe. Als er selbst schon ein Star war, ein Fixstern, an dem sich Menschen orientieren, arbeitete er hingebungsvoll für den sagenhaftesten Mann seiner Branche. Auf »Unchained« von Johnny Cash, dem zweiten der »American Recordings«-Alben, mit denen der Produzent Rick Rubin den Altersruhm von Cash begründete, sind Petty und seine Band als ebenso feine wie kraftvolle Begleiter zu hören. Zwei der stärksten Songs, die Cash jemals adaptierte, stammen von Tom Petty: »Southern Accent« und »I won't back down«.

Auch der zweiten festen Größe der amerikanischen Populärkultur und -mythologie ist Tom Petty fest verbunden: Mit Bob Dylan spielte er nicht nur in der allen Jungspunden eine Harke und die Hacken zeigenden Straßenfegerband The Travelling Wilburys zusammen – Petty klingt auch oft wie ein jüngerer, modernisierter Dylan. Auf seiner CD »Highway Companion« hat er seinem großen Kollegen mindestens ein Denkmal gesetzt: Pettys »Down South« hört sich, garantiert mit voller Absicht, an wie »Love Minus Zero / No Limits«, eines der schönsten Liebeslieder von Bob Dylan.

Aus den Zeiten der Travelling Wilburys ist die Zusammenarbeit mit Jeff Lynne geblieben, dem früheren Kopf des Electric Light Orchestra. Lynne hat das Album »Highway Companion« für Petty produziert und es im Duett mit Petty eingespielt. Nur Mike Campbell wurde als Solo-Gitarrist noch hinzugeholt – alle anderen Instrumente spielen Petty und Lynne. Warum Gastmusiker heranschleppen, wenn man selbst der beste Mann ist für seine eigene Musik?

Der zarte, mittlerweile fast papieren aussehende Petty erweist sich als äußerst rüder, krachscheppernder, federnder und metronomgenauer Schlagzeuger. Die hymnischen Gitarrencrescendi, die den Sound von Tom Petty prägen und ausmachen, sind auch auf »Highway Companion« zu hören, frisch und elektrisierend. Petty öffnet mit ihnen den Blick für seine weite Welt – auf ein Amerika, das es wohl nur in Herz und Geist großer, Walt Whitmans und Henry David Thoreaus Klugundeinfachheit sehr nahekommender Amerikanermenschen gibt.

Tom Petty ist, ohne sich als solcher zu stilisieren, ein Klassiker, eine der großen amerikanischen Säulen, eines der Eigengewächse, wie sie ausschließlich in den USA denkbar und möglich sind. Dylan ist so etwas, Neil Young, Lou Reed, Tom Waits auf seine ganz andere Weise, und Johnny Cash war so einer. Da ist es nur logisch, dass Tom Pettys »Highway Companion« auf Rick Rubins »American«-Label erscheint.

Mit »Ankle Deep« liefert Tom Petty sogar eine kleine Reminiszenz an R. E. M. – deren Sänger Michael Stipe sich glücklich schätzen kann: von Petty aufgesogen worden zu sein muss sich beinahe so gut anfühlen wie Cindy Laupers Glück, als Miles Davis ihr Liebeslied »Time after Time« coverte.

Neben all seinem das Tor zur Welt fröhlichforsch auftretenden Rock'n'Roll hat Tom Petty auch eine leise Seite, mit der er zeigt, dass er nicht zur stupiden Geradeausvariante Mensch gehört, sondern im Gegenteil ein empfindsames, genaues Sensorium hat für das, was sich im einzelnen Innern dieser astreinen freien Welt abspielt. »It took a world of trouble / It took a world of tears / It took a long time to get back here«, heißt es in »Square One«. Ohne dieses Stück wäre »Highway Companion« ein sehr gutes Album – mit diesem I-Tupf des Wissens ist es ein großes.

Die Kunst der elektrischen Stromerzeugung

UM 22 UHR 10 AM 12. JULI 2006 stimmten The Who »My Generation« an; die Menge in der Berliner Arena nahm es verzückt entgegen. Es war ein warmherziger Moment an einem elektrisierenden Abend. Dabei ist das nun wirklich nicht »meine Generation« – Pete Townshend und Roger Daltrey sind drei Jahre jünger als meine Mutter. Die Musik der Band hatte ich 25, 30 Jahre zuvor gehört und gemocht, war aber nie ein ersthafter Fan gewesen und hatte also weder sentimentale noch nostalgische Gründe, ein Konzert von The Who zu besuchen – umso besser. Die rare Gelegenheit auszuschlagen, den Herren Townshend und Daltrey wenigstens einmal im Leben als Chronist persönlich bei der Arbeit zuzusehen und zuzuhören, hätte ich mir nicht verziehen.

Viele Berliner sahen das anders; weil der Vorverkauf etwas schleppte – von 3500 Karten war die Rede –, wurde das Konzert von der Freiluftbühne Wuhlheide in die Blechkiste Arena verlegt. Die bei hochsommerlicher Temperatur in eine Sauna verwandelte Halle bezeichnete Pete Townshend später drastisch, aber nicht falsch als »shithole«. Der Spielfreude dieses phantastischen Gitarristen konnte das lieblos-hässliche Ambiente dennoch nichts anhaben. Der 62-jährige Townshend barst vor Energie und zeigte, dass der hunderttausendfach totgejuckelte Rock 'n' Roll in Ausnahmefällen, wie Townshend selbst einer ist, seine vitale Berechtigung hat.

Es gibt gute Gründe, aggressive Rockmusik zu spielen: Verzweiflung, Wut und den Wunsch, sich den Weg freizuschießen – in die Welt hinein oder aus ihr heraus. Mit »The Kids are allright« zeigte Townshend, dass er nicht vergessen hatte, wie es einem Heranwachsenden geht. Ihr seid nicht scheiße, weil ihr Mist baut und euch mies fühlt, sagte Townshend, und seine Gitarre sagte es noch viel klarer. Kein Wunder, dass die Pädagogen und Sozialarbeiter aller Fraktionen sauer wurden: Dem hatten sie nichts entgegenzusetzen. Und haben es heute immer noch nicht. Weshalb sie ja auch so froh sind, wenn sie sich an jeden Massenaufmarsch anhängen können – und sei es an eine Papstparade, also die Party der Gottentotten.

Was die Kollegen in ihren Blättern über das Konzert von The Who berichten würden, stand indes vorher fest: Die Chance, jedes möglichst naheliegende Klischee voll auszuwalzen, ohne der Korrektivkraft der Wirklichkeit Entfaltung zu gönnen, lässt sich der Musikjournalist als solcher nicht entgehen. Weshalb die Phrase »Altherrenrock« so unvermeidlich wie allgegenwärtig war in der Wüste des Feuilletonpluralismus.

Dabei hatten Townshend und Daltrey ein reinigendes Feuer angezündet, archaisch, voller Kraft und hoher musikalischer Kunst. Stützen konnten sie sich auf eine Band, um die sie jeder große Rockmusiker beneiden muss: Pino Palladino, der nach dem Tod von John Entwistle als Bassist einsprang; der familiär verbundene Gitarrist Simon Townshend; der Keyboarder John Bundrick, der den Schlussapplaus mit dem Kopf am kühlungspendenden Ventilator entgegennahm; der Schlagzeuger Zak Starkey, Sohn von Ringo Starr, der im langärmligen Hemd mit geschlossenem Kragen zeigte, wie man feinen Stil, rhythmische Perfektion, Hochdruck, Wumms und Virtuosität verbinden kann.

Die Halle dampfte im Glück, die Heizer auf der Bühne warfen Schüppe um Schüppe nach. Es war brachial ohne einen Anhauch von Dumpfheit. In den Adern floss elektrischer Strom.

Ein Leben in 30 Silben

Was macht den, der von schlechter Kunst verlegen wird, verlegner?

Das »Sind so kleine Hände«-Ningeln von Bettina Wegner.

Rock'n'Roll kann nicht sterben

»Last Man Standing« von Jerry Lee Lewis

»Don't leave me all alone here in the twilight, cause twilight is the loneliest time of day«: Robbie Robertsons flehentliche Bitte, ihn in der einsamen Dämmerung nicht allein zu lassen, klingt aus dem Mund des 71-jährigen Jerry Lee Lewis noch eindringlicher als im Original. Aus der Dämmerung, die ihn lange umgab, ist Jerry Lee Lewis, genannt »der Killer« und mit Songs wie »Great Balls Of Fire« und »Whole Lotta Shakin' Goin' On« einer der Gründerväter des Rock'n'Roll, noch einmal zurückgekehrt. Sein im Oktober 2006 erschienenes und, wie die Dinge stehen, wahrscheinlich auch letztes Album »Last Man Standing« musste ihm der Gitarrist und Produzent Jimmy Rip in mehrjähriger Arbeit abringen. Längst schien Jerry Lee Lewis, geboren am 29. September 1935 in Ferriday, Louisiana, in der Versenkung aus exzessiver Sucht und anderem Privatunglück für immer verschwunden.

21 Songs umfasst »Last Man Standing« – es sind allesamt Duette, die Lewis mit ähnlich gut abgehangenen Schlachtrössern wie BB King und Little Richard oder musikalischen Zieh- und Stiefsöhnen wie Keith Richards, Bruce Springsteen, Rod Stewart und Neil Young singt. Klavierspiel und Hauptgesang lässt sich Jerry Lee Lewis bei keinem Lied nehmen, er hat seinen Musikerstolz, will an niemandes Rockzipfel hängen und umgekehrt auch keinem Unwürdigen die Ehre erweisen.

»The Pilgrim«, Schlusslied der Platte und vom mitsingenden Kris Kristofferson geschrieben, könnte ein Abgesang auf das Leben des So-gerade-eben-noch-Rock'n'Roll-Überlebenden Jerry Lee Lewis sein: »He's a walking contradiction … taking every wrong direction on his lonely way back home.« Das klingt nach Selbstikonisierung, die Lewis ja auch überhaupt nicht fremd ist. Unbeirrbar nennt er sich selbst »einen der vier großen Stilisten der amerikanischen Musikgeschichte« und lässt auf gleicher Höhe neben sich nur Jimmie Rodgers, Al Jolson und Hank Williams gelten. Doch Lewis hat nicht nur eine große Rock'n'Roller-Klappe – die ihr Alter angenehmerweise nicht hinter klangtechnischer Politur versteckt –, sondern noch immer einiges dahinter. Seine Version von John Fogertys »Travellin' Band«, gemeinsam mit der CCR-Legende gesungen, gibt der wilden Jagd des Musikerlebens noch einmal heftig die Sporen.

»Last Man Standing« tischt auch Unnötiges, Erwartbares auf – konventionelle Coverversionen wie Led Zeppelins »Rock and Roll« mit Jimmy Page oder »Sweet Little Sixteen« mit Ringo Starr. Sogar Ranziges wie das pathetisch-patriotische »Ol' Glory« mit Toby Keith bleibt einem nicht erspart. Das auf jugendlich getrimmte »Honky Tonk Women« mit Kid Rock ist regelrecht peinlich; die fast gespenstisch zwangsjuvenile Aufnahme zeigt, wie schwer es für einen Rock'n'Roller ist, in Angemessenheit und Würde zu altern beziehungsweise herauszufinden, was das überhaupt sein könnte.

Untrennbar mit dem Mythos Rock'n'Roll verknüpft ist das Versprechen von Wildheit, ungezügelter Lebensweise und sexueller Kraft. Rock'n'Roll, das macht seinen Reiz für jede neue Generation aus, ist eben auch die Idee einer Männlichkeit, die sich nicht zu einer auf harmlos und dufte machenden, ankumpelnden Männchenhaftigkeit der Sorte »Der tut nichts, der will nur spülen« domestizieren lässt. Frauen, die sich zumindest sexuell einen Mann wünschen, der auch Mann sein will, erspart dieses archaische Rollenmodell die halbgare Eiertänzerei, die der moderne, femininisierte Mann als Zeichen seiner Zivilisiertheit spazieren tragen soll: ein in lauter Spiegelscherben zerbrochenes Selbstbild, das ihn matt setzt.

Wie aber wird ein Rock 'n' Roller auf gute Weise alt? »Hey hey, my my, Rock 'n' Roll will never die«, sang Neil Young in »Out of the Blue«; vielleicht stirbt der tausendmal totgesagte Rock 'n' Roll ja wirklich nie oder kann auch gar nicht sterben. Das Älterwerden jedenfalls fällt ihm am schwersten – gehört aber zum Leben und damit auch zur Männlichkeit nun mal dazu. Deshalb lösen Rock 'n' Roll-Veteranen beim Betrachter auch postwendend das Gefühl der Betretenheit aus, wenn sie mit Habitus und Gestus ewiger Jugend herumwedeln.

Juvenilitätsprotzereien wie »Honky Tonk Women« aber sind auf »Last Man Standing« die Ausnahme – weshalb das Album insgesamt das erfreuliche Überlebenszeichen eines Mannes ist, der bereits gänzlich verirrt schien. Wenn Jerry Lee Lewis mit Don Henley von den Eagles den Van-Morrison-Song »What Makes The Irish Heart Beat« anstimmt und Paddy Maloney von den Chieftains die zarten Flötentöne dazu beisteuert, sind alle Rock 'n' Roll-Klischees milchstraßenweit weg. Dann geht es um Musik als Ausdruck einer ganz persönlichen Lebenshaltung und um die Freuden, die Musik und Musikmachen spenden.

Eins der stärksten Stücke auf »Last Man Standing« ist »Evening Gown« von Mick Jagger. Gemeinsam mit Ron Wood begleitet der Sänger der Rolling Stones einen hörbar amüsierten Jerry Lee Lewis durch dieses Bekenntnis eines ziemlich schmutzigen alten Mannes, der immerhin noch genügend Kraft für einen hübsch fiesen Herzenswunsch hat: »I'm waiting for your blond hair to turn grey.« Tun wir das nicht alle?

Alle lieben Sondermann

Bernd Pfarrs »Sondermann kommt!«

Über den im Sommer 2004 verstorbenen Zeichner und Maler Bernd Pfarr ist viel Huldigendes gesagt worden. F. W. Bernstein, Bernd Eilert, Robert Gernhardt, Elke Heidenreich, Andreas Platthaus, Volker Reiche und viele andere schrieben ihm Hymnen, und auch ich konnte – erfreulicherweise auch schon zu seinen Lebzeiten – meiner Begeisterung für die Arbeiten von Bernd Pfarr mehrfach Ausdruck verleihen. Die Groß- und Dickmedien geizten ebenso wenig mit Lob und Hudel wie die kleinen Blätter und die Fanzines; Bernd Pfarr ist einer der ganz wenigen Künstler, die wirklich jeder zu lieben scheint. Menschen, die sich sonst über gar nichts einigen können, sind sich doch einig in ihrer Bewunderung für das Werk von Bernd Pfarr. Durchsetzen muss man diesen Künstler bei so gut wie niemandem mehr. Ganz besonders seine Figur Sondermann erfreut sich einer Popularität, von der sämtliche Politiker weltweit nachts nur schluchzend träumen können.

Warum ist das so? Wer ist Sondermann, und was macht ihn so einzigartig beliebt? Ursprünglich war Sondermann der Name eines glücklosen und wohl auch nicht ganz koscheren Verlegers der Zeitschrift *Titanic*. Bernd Pfarr, der für *Titanic* arbeitete, machte aus ihm seine berühmteste Figur, die noch mehr Anhänger fand als sein »Dulle« und sein »Alex der Rabe«, die von Pfarr ja nicht weniger liebe- und phantasievoll gestaltet waren. Aber Sondermann wurde eine kultisch verehrte und angebetete Figur; wenn am Monatsende das neue *Titanic*-Heft erschien, wollte man zuallerst wissen: Was macht Sondermann diesmal? Frönt er dem Negerschrubben, einer Tätigkeit, die Bernd Pfarr für das Sondermann-Universum ersann? Wird er wütend? Oder misstrauisch? Einmal streikte er – und ließ die Protesttransparente preisgünstig bei »Mbwala Shildemala« anfertigen. Sie waren entsprechend: »Sdraik! Shef is krume Hunt! Wolle meh Gelt! Unt wenige Ahbeit!«

»Sdraik! Shef is krume Hunt!« wurde als Wort quasi Geflügel – ein Synonym für die Erfahrung, dass die Chefsorte Mensch nichts taugt, der Widerstand gegen sie aber eben auch seine ganz eigenen Tücken hat. So ergeht es Sondermann eigentlich immer: Alles missrät ihm auf die prachtvollste Weise. Es gibt beinahe keine Unbill, die ihm nicht widerführe: Man drangsaliert und tritt ihn, er wird in die Luft gesprengt und im Kochtopf gesotten, er muss seinen Bürochef windeln, sein Mickey-Mouse-Kostüm hängt nass auf der Leine, wenn er es ganz dringend anziehen möchte, und das Schlimmste: Man weist seine Liebe zurück. Als Fußball verkleidet bekennt er: »Negerradio, ich liebe dich!« und bekommt doch nur die rohe Antwort: »Weiche von mir, schwuler Fußball!«

Als ich dieses Blatt zum ersten Mal sah, war ich fassungslos vor Glück und Wonne – und auch hundertmaliges Wiederbetrachten schmälert die Wirkung nicht. »Negerradio, ich liebe dich!« – »Weiche von mir, schwuler Fußball!«: Dieser Dialog schlägt in seiner Präzision des Vergeblichen ganz locker alles, was die komplette Gruppe 47 zusammenschwindelte (die ohnehin in Gruppe 4711 umbenannt werden sollte, um der Wahrheit zu ihrem Recht zu verhelfen).

Ohne Literatur ist Bernd Pfarr ohnehin nicht zu begreifen; seine Arbeit ist geprägt von großer bibliophiler Kenntnis. »Music doesn't come from music«, sagt der Jazzpianist Keith Jarrett – ein wahrer Künstler schöpft eben nicht aus dem eigenen Genre, sondern aus anderen Inspira-

tionsquellen. Der Maler und Zeichner Bernd Pfarr ließ sich
von Literatur befeuern und war Kenner, ohne jemals damit
zu prahlen; schließlich weigerte er sich entschieden, seine
Leser zu langweilen. Seine Leser? Ja, Leser; zwar war Bernd
Pfarr bildender Künstler, aber sein Publikum war und ist
ein lesendes. Pfarr schuf sich sein ganz eigenes Reich – das
der gezeichneten und gemalten Literatur. Und weil er das
gleichermaßen meisterhaft und kunstverständig wie unauf-
dringlich und bescheiden tat, verfielen ihm und seinen Ge-
schöpfen buchstäblich alle.

Selbst die Sondermann zur Seite gestellte Figur des ex-
plosiomanen TNT-Schulze ist, nicht nur in den geistfer-
nen Zeiten der Terrorismushysterie, extrem trostreich. Der
zwanghaft immerzu alles in die Luft sprengende Schulze
verkörpert den Humor des Zerstörerischen. Es waltet liebe-
volle Kindlichkeit: Puttmachen prima! Bernd Pfarr hat das
Genre des Sprengstoffwitzes nicht erfunden, aber er hat es
zur Blüte geführt. Auch für unsere Terroristen sollte Sondermann deshalb Pflichtlektüre werden; wer sich einmal am
Wirken von TNT-Schulze erfreut hat, wird vom humorlo-
sen Geschäft des Mordens für immer die unegalen Finger
lassen. Und wenn Sondermann auf diese nonchalante Weise
dann auch noch den Terrorismus vom langweiligen Antlitz
der Welt getilgt hat, gilt ohne Ausnahme: Alle lieben Sondermann!

»Alle lieben Sondermann!« ist auch der Titel eines Son-
dermann-Sammelbandes, der 1993 bei Eichborn erschien.
Vorn auf dem Einband sieht man schon, wie das gemeint ist:
Sondermann schmort gefesselt und in stummer, resignier-
ter Verzweiflung im Kochtopf; fünf Zuschauer schwingen
euphorisch Salzstreuer, Rührbesen, Kochlöffel und Senf-
tube und jubilieren in Vorfreude auf ihren kannibalischen
Schmaus. So ist das: Alle lieben Sondermann, weil über ihm

die Katastrophen der Welt zusammenschlagen. Man liebt ihn, aber niemand möchte mit ihm tauschen.

Die Widmung im Buch lautet: »Meiner geliebten Frau zur geistigen Erbauung«. Wer das liest, ahnt, dass nichts so ist, wie wir es kennen oder wie es zu sein scheint. Wir begeben uns in einen Kosmos, dessen einziger Herrscher Bernd Pfarr ist. Der Mitlaber-Unfug der Pro-forma-Demokratie, in der alles auf den kleinsten und schäbigsten gemeinsamen Nenner heruntergekonferenzt, herabgesitzungt und -gebrabbelt wird, ist ausgesperrt. Bernd Pfarrs Welt ist ein Königreich, absolutistisch und entsprechend frei von Dummheit, Hässlichkeit und Ödnis.

»Die Realität ist lebensfeindlich und phantasielos. Ich würde gerne der Welt die Realität austreiben«, sagte Bernd Pfarr in einem Interview. Diesem Diktum möchte ich mich vorbehaltlos anschließen – zumal die Welt, die Bernd Pfarr der Realität entgegensetzte, dieser Realität in allen Belangen hoch überlegen ist. Pfarrs Welt ist niemals langweilig, sie ist beseelt und mit einem Personal bevölkert, das mit dem, was hienieden so unter »Mensch« firmieren darf, erfreulich wenig gemein hat.

Und deshalb lieben alle Sondermann: weil er nicht von dieser Welt ist. Er ist ein komischer Heiliger – wie Jesus, nur viel besser und vor allem viel komischer. Etwas Bräsiges wie »Vater, vergib ihnen, denn sie wissen nicht, was sie tun« würde Sondermann niemals sagen. Er hatte ja auch den besseren Drehbuchautor. Und deswegen kann man mit allem Fug und allem Recht sagen: Mehr als 2000 Jahre christliches Abendland sind genug. Jesus hat als Schmerzensmann und Erdulder ausgespielt und seinen Meister gefunden: Sondermann.

Jesus-Schnesus möge endlich nach Hause gehen. Niemand bedarf seiner Existenz, denn die Welt hat Sondermann. Der erduldet und erträgt alles, und er flennt nicht herum dabei, wird nicht salbungsvoll und nervt nie. Sondern überrascht uns, immer noch und immer wieder.

Wer Bernd Pfarrs Sondermann-Geschichten liest, wird mehr Wunder erleben, als Jesus je angedichtet wurden. Verneigen wir uns vor Sondermann – und vor seinem Schöpfer, Bernd Pfarr.

Der Schuss Ihrkönntmichmal

Das Große Ich Ich Ich:
Robert Gernhardts letzte Gedichte »Später Spagat«

68 Jahre alt war Robert Gernhardt, als er am 30. Juni 2006 starb. Sein Tod ging ein bisschen unter bei vielen seiner schwarzrotgoldenen Landsleute: Es war der Tag, an dem die deutsche Fußballnationalmannschaft im Viertelfinale der WM gegen die argentinische spielte. Dabei war das Thema Fußball dem Dichter Gernhardt keineswegs fremd.

>   »Doch stets gilt, dass der Weg das Ziel ist,
>   weil nach dem Spiel schon vor dem Spiel ist«,

heißt es in »Von Spiel zu Spiel«, das sich in »Später Spagat« findet, Gernhardts letztem Gedichtband. Doch wenn Gernhardt populären Themen wie dem kollektiven Lustobjekt Fußball auch durchaus zugetan war, so wusste er genau um die Unterschiede im Auge des Betrachters. Distanzverlust gab es bei Robert Gernhardt nicht, billigen Versprechungen wie Patriotismus oder anderem Feuilleton- und Folkloreschischi ging er schon gar nicht auf den Leim – und eben auch nicht auf den Reim. In der letzten Strophe von »Ich Ich Ich«, ebenfalls nachzulesen in »Später Spagat«, zeigt Gernhardt Resistenz gegen nationale Gehirnwäschebegehren:

>   »Ich bin stolz, ein Deutscher zu sein.
>   Die Deutschen sind stolz auf mich.
>   Wie? Der zweite Satz trifft nicht zu?
>   Dann stimmt auch der erste nicht!«

»Ich Ich Ich«, das ist, wie auch der Titel »Glück Glanz Ruhm«, in Gernhardts Leben und Werk ein Leitmotiv – eines, das er nie verhehlte. Um den Preis massenhafter Verehrung wäre Gernhardt den Deutschen vielleicht wirklich etwas entgegengekommen – aber dafür hätten sie ihn schon deutlich mehr lieben müssen, als sie es taten. Die Wiedervereinigung begrüßte Gernhardt aus kaufmännischen Erwägungen – »17 Millionen neue Leser« –, aber die eher mageren Verkaufszahlen seiner Bücher in den Fünf Neuen Imbissbuden verdrossen ihn bald. Als Günter Grass den Literaturnobelpreis bekam, war Gernhardt deprimiert: »Jetzt kriegt ihn mindestens 20 Jahre kein anderer Deutscher, und das heißt, ich bekomme ihn nicht mehr.« So alt, das wusste Gernhardt, würde er nicht, und mit Grund war er nicht begeistert darüber, mit ansehen zu müssen, wie ein sozialdemokratischer Essensmarkensammler den Rahm und den Ruhm absahnte.

Das war weniger Neid als vielmehr Unverständnis über die katastrophale Fehleinschätzung von Grass – dessen Delirieren in der bildenden Kunst Gernhardt zu einem so zutreffenden wie sachlich formulierten Urteil brachte:

»Poeten, die nicht zeichnen können,
sollten's besser lassen.
Das gilt für Günter Kunerten,
das gilt für Günter Grassen«,

dichtet er munter in »Finger weg!« Wohl gesprochen. Wird aber der altersmeise Grass Robert Gernhardts Rat beherzigen? Ach was! Der Grass kennt kein Erbarmen nicht, der malerklecksselt weiter.

Auch der zweite Bewohner des Seniorencontainers »Zur deutschen Nachkriegsliteratur« kann es sich nicht leisten,

Gernhardts Gedichtband »Später Spagat« zu ignorieren. Martin Walser, dessen in zähe Worte getröpfelte Altherrengeilheit so ranzig wie redundant und langweilig ist, vermöchte Robert Gernhardts Gedicht »Vom Hunger« zu entnehmen, dass es nicht am Alter liegt, wenn man nicht über Lust schreiben kann, ohne klemmihaft herumzuschweißeln. Das geht sehr wohl, Robert Gernhardt konnte es:

»Ist eine böse Lust
Sitzt zwischen Beinen
Wenn es nicht deine sind
Sinds doch die meinen

Ist eine liebe Not
Die will sich paaren
Bitt dich, gestatte ihr
In dich zu fahren

Ist eine schöne Ruh
Wenn wir es hatten
Heiß sind die Hungrigen
Selig die Satten.«

Es kommt nicht oft vor, dass einer alt *und* weise wird – bei den meisten reicht es nur zum Geistesreichtum des Kalenderblatts. Robert Gernhardt, den ich mit »Herz in Not« schon auf dem Weg zum koketten Chefarztlyriker und mit »Klappaltar« als gefälligen Stimmenimitator und Feuilletonlyriker sah, hat für seinen letzten Gedichtband noch einmal seine Substanz mobilisiert. Abstand ist der Schlüssel. Gernhardt behält ihn bei, wo andere weich würden und werden. »Abschied« heißt eins der nachwirksamsten Gedichte; Gernhardt nimmt ihn, demonstrativ lässig:

»Ich könnte mir vorstelln,
mich *so* zu empfehlen:

Die Zeit. Ich will sie euch
nicht länger stehlen.

Den Raum. Ich will ihn euch
nicht länger rauben.

Den Stuß. Ich will ihn euch
nicht länger glauben.

Das Ohr. Ich will es euch
nicht länger leihen.

Das Aug. Ich will es euch
nicht länger weihen.

Das Hirn. Ich will es euch
nicht länger mieten.

Die Stirn. Ich will sie euch
nicht länger bieten.

Das Herz. Ich will es euch
nicht länger borgen.

Den Rest? Den müsst ihr
schon selber entsorgen.«

So inszeniert ein Klassiker seinen Abgang aus der Welt –
und ein Klassiker des Komischen war Gernhardt allemal.
Die feine Säure ganz leichter Überheblichkeit, der Spritzer

Arroganz, der Schuss Ihrkönntmichmal, das Auslachen, und alles so spielerisch serviert wie durchaus auch ehrlich so gemeint, das ist unverwechselbar Gernhardt. Wenn er in dieser Disziplin auf diesem Niveau spielte, machte ihm in Deutschland kein lebender Dichter etwas vor.

Gernhardt wusste um die Qualität seiner Gedichte, und er litt unter der Ignoranz, die ihnen widerfuhr – so sehr, dass er persönlich Maßnahmen ergriff. Sein Kollege Pit Knorr erzählte, wie er in den achtziger Jahren auf Gernhardts Wunsch hin Marcel Reich-Ranicki über Bande Gedichte von Gernhardt zukommen ließ. Das klingt ehrgeizig, nahezu verzweifelt und semi-souverän – und hat Reich-Ranickis Horizont doch nicht nennenswert erweitert.

Mit der Fernsehmoderatorin Else Buschheuer stritt sich Reich-Ranicki um die Urheberschaft des legendären Zweizeilers

»Die schärfsten Kritiker der Elche
waren früher selber welche.«

»Der ist von Gernhardt!«, trompetete, ahnungslos wie fast immer, der Lauthals Reich-Ranicki. Buschheuer wusste es richtig und widersprach dem *FAZ*- und Fernsehmann: »Das ist von F. W. Bernstein.« Reich-Ranicki beharrte auf seinem Irrtum und schnappschildkrötete: »Nein. Von Gernhardt! Bernstein ist ein Dirigent!« So sprach der berühmteste Literaturkritiker des Landes, vulgo der Erste Esel seiner Zunft.

Ruhm, auch um solchen Preis, war Robert Gernhardt wichtig, und elementar gehörte für ihn dazu, in der Reihe der kleinen gelben Reclam-Heftchen vertreten zu sein – eben als Klassiker. Er war sich nicht zu fein, das bei Reclam von sich aus anzusprechen. 1990 erschien »Reim und Zeit«

und verkaufte sich gut sechsstellig. Danach war Gernhardt endgültig populär. Es ist gut, dass nicht wenige Deutsche Gedichte oder doch wenigstens einzelne Verse von Gernhardt auswendig können – »by heart«, wie das auf Englisch viel treffender heißt. Wer wüsste schon eine Zeile Durs Grünbein aus dem Herzen? Und wozu auch? Wie erfreulich dagegen Gernhardt:

>»Seht ihn an, den Schreiner
Trinkt er, wird er kleiner.
Schaut, wie flink und frettchenhaft
Er an seinem Brettchen schafft.«

Das sind vier Zeilen aus »Folgen der Trunksucht«, sie stehen in meinem Lieblingsbuch von Robert Gernhardt, in »Wörtersee«, einem Füllhorn der unverschämten dichterischen Ausgelassenheit – die erfreulicherweise auch vor den hochkulturell als pubertär verpönten Niederungen des Unterrum nicht zurückscheut. Und zu der Gernhardt, fast 25 Jahre später, zurückfindet, wenn auch ganz anders. In »Blut, Scheiß und Gähnen«, in dem er den Brachialverfall seines kranken Körpers beschreibt, heißt es:

>»Was verlasst ihr meinen Körper?
Warum, Scheiße, diese Eile?
War ich, Blut, dir keine Heimstatt?
Weshalb, Träne, dein Gefließe?«

»Warum, Scheiße, diese Eile?« – so ewig gültig wurden die moderne Welt und der Lauf der Dinge nicht oft eingefangen. Wer das für vulgär und grob hält, weiß gar nichts und muss nachsitzen. Das Fach heißt Eleganz, der Lehrer heißt Robert Gernhardt.

Mit seinem Freund F. W. Bernstein verband Gernhardt auch ein Zweizeiler, den die beiden in den siebziger Jahren auf einer Göttinger Kirmes entdeckten und der die Schönheit des Lebens ganz einfach erfasst und besingt:

»Wie ein Pfeil fliegt man daher
Als ob man selber einer wär.«

Diesen Grad der Schwerelosigkeit zu erreichen, im Leben wie in der Dichtung, ist ein wunderbares Ziel. Ich wünsche Robert Gernhardt, dass es ihm gelang.

O Itzehoe, o Glück, o Wonnen!

DAS SIND SIEBEN STERNSTUNDEN des Hörbuchwesens: Hanns Zischler liest »Die Vollidioten« von Eckhard Henscheid. Das Buch, 1973 erschienen, muss man nicht mehr preisen, es ist das einflussreichste aus den siebziger Jahren in Deutschland. Nahezu alles ist darin, was Welt ist: Sexualgewürge, Exzess, Rausch, Literatur, Philosophie, Musik, Geniali- und Genitalität, die Suche nach Glück und Geld, das Sichklammern an Rituale, um die Banalität des Lebens niederzuzwingen, und alles ist prächtig eingewickelt in hohe Komik und lautere Wahrheit. Der große F. K. Waechter beispielsweise wird früh und zu Recht geehrt als »eine wunderbare Symbiose von Malerei und Fußball«.

Überhaupt verkeilte Henscheid in seinem ersten und lustigsten Roman wahrhaft alles mit allem: Dostojewski, Horkheimer, Rotamint-Automaten, Camus, Nietzsche, Stalin, Brahms, Mahler, Schumann, Bernd Hölzenbein und die Frankfurter Eintracht, den Posaunisten Mangelsdorff, Wilhelm Genazino (der bei ihm Wilhelm Domingo heißt), Hilmar Hoffmann, Wolf Wondratschek, das Tessin, das Glasreinigerwesen, die Sozialdemokratie, Kartoffelchips, das Leben als *Pardon*-Redakteur in Frankfurt am Main, kurz: »die ganze verwichste Scheiße«, wie es im Roman heißt.

Das Leben ist ein Tollhaus, prallvoll mit grandiosen Nichtigkeiten; Henscheid reservierte seinem Ich-Erzähler eine der schönsten Rollen und ließ ihn den unschuldig sich stellenden, gleichwohl hemmungslos sich verstrickenden, intriganten Anfeuerer, Betreiber und Chronisten des Irrsinns spielen.

Hanns Zischler gelingt in seiner zugunsten der Firma Zweitausendeins gelesenen Interpretation das beinahe Unmögliche: Er spricht »Die Vollidioten« so gut, dass man das Buch nicht mehr selbst lesen muss, sondern lieber von ihm vorgelesen bekommt. Zischlers Stimme, seine Diktion, sein kein bisschen kumpelndes Begreifen des Textes holen zaubrisch, präzise und sternenklar alles aus den Figuren heraus. Aus dem im Roman nicht recht fassbaren Schweizer Depressivum Peter Jackopp macht Zischler eine nahezu liebenswerte Unglücksgestalt, deren Wahnhaftigkeit man jedenfalls nicht abtut, sondern mit durchleidet.

Dem ohnehin rückstandslos wunderbaren, der Stadt Itzehoe entsprungenen Top-Radaubruder Joachim Kloßen verleiht Zischler mit eher kühler Unaufgedrehtheit beinahe noch mehr Lebenswucht. Aah, Kloßen – was für eine prachtvolle Gestalt, immerzu wühlend und ramenternd in der Hoffnung auf einen Geldschein, der umstandslos, zügig und auf seltsame Art sogar altruistisch in Getränke umgesetzt und mit anderen vertrunken werden kann, die indes sofort wieder angepumpt und vertröstet werden mit der Aussicht auf Lottogewinne, Kredite, Fernseh-Feature-Honorare oder was für Windigkeiten immer, »dann sind wir 86 Mark, dann sind wir klar« – schöner, farbiger und sympathieanziehender ist das Tresenwunder Mensch, dieses »Laber- und Leberwesen«, wie Danny Dziuk es besang, in seinem niemals nachlassenden Durst nicht beschrieben worden.

Gottvoll ist es, so viel Sprach- wie Sprechmacht zu lauschen. Wenn man diese sieben Stunden durchlebt hat, bleibt nur noch ein Jauchzer: O Idiotie, o Itzehoe! O Glück, o Schmarrn, o Wonnen!

Die saure Milch von Frömmel-Art

Herr Garfunkel suchte Leipzig heim

PAUL SIMON HAT SICH IN DER WELT den Ruf eines kontinu-
ierlich soliden, stilistisch neugierigen und versierten Songschreibers erarbeitet. Dass er sich auf seiner 2006 veröffentlichten CD »Surprise« in den Tross der unangenehmen
Schreibtischväter einreihte, die ihre wehrlosen Kinder an-
schreiben oder ansingen, ist bedauerlich, aber vielleicht der
Preis, den man zahlen muss, wenn man als Sänger im Groß-
vateralter noch einmal abvatert und diesen Vorgang unbedingt öffentlich in Worte kleiden will: »There could never
be a father who loved his daughter more than I love you.«
Selbst wenn es wahr wäre – muss man das allen erzählen,
die es doch so gar nichts angeht?

Noch weit unauslotbarer ist, was Paul Simon jemals von
Art Garfunkel wollte. Die beiden waren als Simon & Garfunkel sehr erfolgreich – »And here's to you, Mrs. Robin-
son, Jesus loves you more than you will know, whou whou
whou …« –, aber Paul Simon muss gelitten haben wie ein
Hund, denn Paul Simon ist zweifellos musikalisch. Was Art
Garfunkel ist, weiß man nicht genau, nur eines weiß man:
Es ist, wie die Sachsen es so dezent vernichtend ausdrücken,
nischds Gudes.

Schon die früheste Erinnerung ist schieres Entsetzen.
Art Garfunkel »Like a Bridge over troubled Water, I will lay
me down« kastraten zu hören, löste wildeste Fluchtreflexe
aus. Mit dieser Stimme konnte man Milch sauer werden
lassen und Hornhaut von den Füßen schälen. Die deutsche
Übersetzung von Art Garfunkel, dachte ich als zirka 13-Jäh-
riger, müsse wohl Kunstfurunkel lauten.

Doch es kam noch ärger. 1979 wurde »Watership down«, eine grauenhafte Kitsch-mit-Kaninchen-Geschichte, zum Zeichentrickfilm verwurstet. Ich war gerade 18 und fassungslos. Weit unangenehmer als der Tränentierfilm, den man ja meiden konnte oder wenigstens kein zweites Mal ansehen musste, war der Filmsong »Bright Eyes«, den Art Garfunkel als »Bra-heiid Aiiiis« intonierte.

Von den im Titel versprochenen hellen, klaren, klugen, funkelnden Augen hatte das Lied nicht das Geringste. Es war die reine Sülze, soßiger noch als die schlimmsten Ausgleiter der Bee Gees. Mit seiner Knabenstimme quälte Art Garfunkel die Trommelfelle seiner Hörer, die oft zu spät kamen, wenn sie zum Radio hechteten, um das Terrorlied, das aus dem Gerät heraustroff, wegzuschalten. Denn »Braheiid Aiiiis« war ein Hit und sich ihm zu entziehen nahezu unmöglich.

Gut 25 Jahre später ging Art Garfunkel auf Europatournee. Warum nur? Ein neues Lied, ein besseres Lied hatte er nicht geschrieben. Sondern warf nur die alten Würste noch einmal auf den Rost. Seine treuen deutschen Fans, das war ein kleiner Trost für die Hiesigen, folterte er nur punktuell – Art Garfunkels einziges Konzert im Jahr 2006 fand hierzulande am 6. August im Leipziger Clara-Zetkin-Park statt. Die Tanztee-Damen von der dortigen Dahlienterrasse hatten es nicht weit zur Bühne.

Jusos für die Revolution

23. Juli 2007: 30 Jahre Rockpalast

Es war ein traumatisches Ereignis. Ein mitteljunger Mann mit lockigem Haar betrat eine große Bühne und rief der Menge mit Marktschreiertimbre in breitschwäbischem Dialekt zu: »Tschörmän Telliwischn praudly priesents ...« Der Mann hieß Albrecht Metzger, er präsentierte und repräsentierte den »Rockpalast«. Man hörte sein Stammeln und dachte: O je, wie peinlich – wie der spricht, so wird man als Deutscher im Ausland angekuckt. Wenn das ein Brite oder Amerikaner hört, ist jedes Klischee von den dummen Krauts übererfüllt.

Jedem Anfang wohnt ein Grauen inne. Beim »Rockpalast« war das Albrecht Metzger, der später mit seinem Kabarett »Schwabenoffensive« vor allem das Westberliner Publikum in die Flucht schlug. Die Zeit mag manches verklären, aber die Erinnerung an die Schamgefühle vor dem Fernsehapparat sind wach: Metzger schämte sich nicht für seinen elenden Auftritt, also musste man das stellvertretend für ihn tun, denn zum Schämen war, was man sah. Anschauen musste man es dennoch, denn große Rockkonzerte live im Fernsehen hatte es bis dahin nicht gegeben, das war neu, und Rockmusik war schließlich die Verheißung eines besseren Lebens, ja des einzig wahren Lebens überhaupt, das es nur außerhalb der bürgerlichen Gesellschaft geben konnte.

Lange Haare, Selbstgedrehte, Joints, juveniler Sex, Sympathie für die RAF und jede staatsfeindliche Politik – so sah der subkulturelle Gegenentwurf zum angebotenen Leben in der Bundesrepublik aus. Rockmusik war die Tonspur dieser als aufregend empfundenen Anarcho-Folklore, und der

»Rockpalast« lieferte die Musik frei Haus. Da hätte einem eigentlich schon auffallen müssen, dass etwas faul war an der Geschichte. Subversiven Konsum gibt es nicht, auch wenn ganze Freizeitindustrien erfolgreich davon leben, dass sie musikalische, literarische und andere modische Surrogate des Subversiven verkaufen.

Doch wir hockten vor den aufgespannten Fernsehschirmen und kuckten »Rockpalast«. Zwar ließ Iggy Pop es zu dieser Zeit schon richtig knallen, in London wurde der »Great Rock'n'Roll-Swindle« namens Punk ausgeheckt, aber die Redakteure des deutschen Fernsehns feierten ihre alten Helden, kauften sie für den »Rockpalast« ein, durften sie amateurhaft interviewen und sich mit ihnen dicketun und waren ganz furchtbar stolz. Sie verströmten den verdrucksten Charme von Jusos, die einmal im Jahr heimlich zur Revoluzzerparty gehen.

Der schreckliche Albrecht Metzger und sein Kollege Peter Rüchel, der eine gewisse Ähnlichkeit mit dem PLO-Zelt Yassir Arafat aufwies, bekamen bald einen dritten Mann beigeordnet: den gebürtigen Briten Alan Bangs, und der wusste, was Musikjournalismus ist. Charmant, aber ohne peinlichen Distanzverlust interviewte er die Musiker, Sprach- und Sprechprobleme hatte er keine und war bei aller lockeren Sonnyboyhaftigkeit kein Leichtgewicht, sondern profunder Kenner. In seiner Radiosendung »Nightflight« mischte er literarische Texte und Musik zu einem Bewusstseinsstarkstrom für den menschlichen Kopf.

Ohne Alan Bangs wäre der »Rockpalast« niemals stilprägend und erfolgreich geworden; so aber wollten alle Bands dort auftreten, und die anarchistische Kampfkapelle »Schroeders Roadshow« brachte ironisch auf den Punkt, wovon Rockmusiker träumten: »Einmal in der Rockpalast-Nacht sein! Einmal in der Rockpalast-Nacht sein!« Obwohl die

Auftrittsbedingungen vor dem deutschen Live-Publikum alles andere als sexy waren: Was sich in der Essener Gruga-Halle austobte, war vor allem eine vollbreite, arhythmische Gröl-, Göbel- und Mitklatschmeute.

Das Publikum in der DDR, gequält von Konsens- oder Knörmelbands wie den Puhdys, Karat, Stern Combo Meißen, Lift, Karussell oder City, litt rockmusikalischen Mangel bis zum Skorbut. Die Perspektive, niemals die Band seiner Träume im Konzert erleben zu können, war für manchen schmerzhafter, als jeder Schießbefehl es hätte sein können. Der »Rockpalast«, via Westfernsehn in die DDR eingespeist, schaffte gerade bei den Bluesrockorientierten unter den DDR-Bürgern Abhilfe, linderte die allergrößte Not – und schuf auf lange Sicht umso größere Begehrlichkeiten. Der freie Zugriff auf die Produkte der Musikindustrie geriet in den Rang eines Bürger- und Menschenrechts. Wie unglaublich öde und konfektioniert Männer mit langen Mähnen, engen Lederhosen und Penisgitarren sein können, weiß man eben erst, wenn es einem nicht mehr verwehrt ist, ihnen zuzuhören.

In the Ghetto? Hier bei Netto!

Eine Titelschutzanmeldung

»AS THE SNOW FLIES … / On a cold and grey Chicago Morning / A poor little baby child is born / In the Ghetto / And his Mama cries…« So geht das Lied los, mit dem Elvis Presley soziales Elend ins Bewusstsein der radiohörenden Massen zu pfriemeln gedachte: Mutti weint.

Dazu hat sie auch allen Grund, denn einen weiteren hungrigen Mund zum Durchfüttern kann sie nicht brauchen: »Cause if there's one thing that she don't need / Is another little hungry mouth to feed / In the Ghetto …« Hätte sie sich das nicht vorher überlegen oder die Sache mal mit Vatti Samenspender durchsprechen können? Aber das klingt herzlos, und herzlos soll man nicht sein, nicht beim Thema Elend, und auch nicht bei Elvis Presley, dem Sänger von »In the Ghetto«. Psyche, Alk, Tabletto / Machen alt und fetto.

Anstatt uns aber um unsere eigenen Angelegenheiten zu kümmern, müssen wir wildfremden Menschen helfen, so verlangen es Bibel und Bebel – und Elvis Presley sagt es auch: »People don't you understand / The child needs a helping hand / Or he'll grow to be an angry young man some day.« Ooops, da ist er, der »angry young man«, der aus der Kulturlandschaft »nicht mehr wegzudenken ist«, wie es in Kulturlandschaftsdeutsch hieße: der wütende junge Mann aus dem Ghetto, aus den Vorstädten, den *Favelas*, *Telenovelas*, Istdochegalas oder am allerbesten aus den *Banlieues*, denn das klingt ja auch gleich viel interessanter und aufregender und gebildeter, wenn man *Banlieues* sagt, *oui oui, dans les Banlieues*. Was feuilletonistisch die trübsinnigmachenden Orte beschreibt, wo blöde Kinder blöder Erwachsener telegen an einer brennenden Mülltonne stehen, darüber heulen, dass sie sich keine Markenklamotten kaufen können und also zur Waffe greifen müssen, für fünfhundert Euro vom Fernsehteam noch die Karre des Nachbarn abfackeln dürfen und auch sonst nur Kitsch in die Welt setzen: »And a hungry little Boy with a running nose / Plays in the street while the cold wind blows / In the Ghetto / And his hunger burns …« Auf Deutsch: Weil er Kohldampf hat / und den hat er satt …

Ach, reichlich Hunga hatta / Der Sohn, er hat's vom Vatta. Weswegen er auch unbedingt schwerkriminell werden muss, es geht ja nicht anders, wir müssen das einsehen und verstehen und darüber die Kirchenbank vollheulen. Wenn das Sentimentale Pause macht, kommt das Brutale zum Vorschein. Bei Elvis Presley klingt das so: »So he starts to roam the streets at night / And he learns how to steal and he learns how to fight / In the Ghetto …« Ist klar: An armen kleinen Sausäcken sind einfach alle schuld, besonders jene, die den jugendlichen Delinquenten gar nicht kannten, die sind dann ganz besonders ignorant, hartherzig und indolent. Es gibt Formen der Gratismoral- und Verantwortungshineinerpressung, denen man nur kraft des analytischen Verstandes begegnen kann. Der einem sagt: Wenn man es falsch versteht, ist Mitgefühl das billigste Gefühl, das es gibt. Wer auf so etwas eine Linkskitschpartei gründet, ist ein Demagoge, sonst nichts.

Trost gibt es keinen. Zwar verabschiedet sich Elvis Presleys junger Nervbold erfreulicherweise aus dieser Welt – »As the young man dies« –, aber für Nachschub ist leider gesorgt: »On a cold and grey Chicago Morning / Another little baby child is born / In the Ghetto / And his Mama cries / In the Ghetto …«

Dieses Lied soll bitte ab sofort »Hier bei Netto« heißen. Und ein Lied über einen jugendlichen Kriminellen sein, der zum Mörder wird, weil er nicht mehr Netto-Discountertiefkühlpizza essen möchte, sondern einmal erleben will, dass seine Mutter ihm eine richtige Mahlzeit kocht. Die Frau, die zwar massenhaft Kinder in die Welt pressen kann, aber keine Ahnung davon hat, was ein Mensch ist, schnauzt ihn nur an. Verzweifelt klaut der Junge die Pistole des Liebhabers seiner Mutter – und überfällt einen Bioladen, um endlich zu wissen, was es bedeutet, keinen Fraß zu essen.

An der Kasse aber sitzt Otto Schily, der anthroposophische grüne Sicherheitsrentner, und er hat schärfer geladen als sein Nachfolger Wolfgang Schäuble. Pech für den jungen Räuber – und Abspann: Elvis Presley starb am 16. August 1977. Das war der 18. Geburtstag meines älteren Bruders Beowulf, der die Fackel weiterträgt: An einer Kölner Gesamtschule liest er arabischen, türkischen und deutschen Testosteronisten jene Leviten, die verstehen zu können sie niemand gelehrt hat. Felsen- und kitschfest glauben diese Heranwachsenden, »In the Ghetto«, das wären sie. Willkommen bei Netto.

Dreigroschengrab

DIE AUSGELEIERTE LEDERPÜPPI Klaus Maria Brandauer inszenierte 2006 in Berlin die »Dreigroschenoper«, ließ sich vom Hartmut-Mehdorn-Fachmagazin *mobil* dafür als »Provokateur« abfeiern und brüllte vom Plakat: »Ich mach's bühnenreif.« Von mir aus – solange ich das nicht ankucken muss. Das Berufsgleitmittel Campino, das den Mackie Messer gab, rückte seinem Regisseur den Thron zurecht und sekundierte: »Ich mach's zum ersten Mal.« Was so alles in den Rang einer Nachricht erhoben wird.

In der *Frankfurter Rundschau* teilte Campino mit: »Wir hatten in der Schule ›Der gute Mensch von Sezuan‹ durchgenommen. Das Stück war mir weder verhasst, noch habe ich es geliebt. Nur war ich in den Deutschstunden damals nie richtig bei der Sache. Ich hatte andere Sachen im Kopf als den Unterrichtsstoff. Ich war frisch sitzen geblieben. Das war für mich keine leichte Zeit. Im Landschulheim habe ich eher drauf geachtet, dem Lehrer Messer und Gabel aufzuheben, wenn sie runterfielen, um auf diese Weise etwas für meine Versetzung zu tun. Brecht war okay.« Und exakt so ist er sein Leben lang, unser Klassenstreberpunk.

Vielleicht zieht das Stück ja auch fiese Charaktere an – schon Ernst Busch als Mackie Messerrrrrrr war einfach nur entsetzlich. »Und derrr Hai-fisch, derrr hat Zäh-ne, und die trrrrägt errr im Ge-sicht« – man kann dieses Hauruckgeholze nicht gescheit singen. Ernst Busch jedenfalls konnte es überhaupt nicht.

1968, knapp vier Jahrzehnte nach ihrer Berliner Uraufführung, erschien die »Dreigroschenoper« von Brecht und Weill erstmals vollständig auf Tonträger. Die Besetzungsliste der Aufnahme klingt so gemischt wie vielversprechend: Als Sprecher und Sänger hört man neben anderen Karin Baal, Hans Clarin, Franz Josef Degenhardt, Berta Drews, Martin Held und Helmut Qualtinger. Der musikalische Leiter, James Last, war damals noch kaum bekannt, gilt aber heute zumindest bei Easy-Listening-Hörern als guter Musiker.

Ach, sie hatten es schwer, die 68er. Jede öffentliche und private Äußerung überprüften sie pingelig auf ihre tatsächliche oder vermeintliche politische Relevanz. Da es eine eigene aufgeklärte politische Kultur nach 1945 in Deutschland nicht mehr gab, griff man auf Kunst aus der Zeit vor 1933 zurück. So kam auch die »Dreigroschenoper«, nicht gerade Brechts gelungenstes Werk und auch 1968 schon reichlich angestaubt, noch einmal zu neuen politischen Ehren.

Fast 40 Jahre später wurde diese Aufnahme von Polydor / Universal abermals hervorgekramt und neu aufgelegt. Zeitdokumentarische Gründe kann man gelten lassen, aber sonst? Die »Dreigroschenoper« geht nicht, sie ist – und war es 1968 schon – gleichermaßen unsingbar wie zersungen, durchgenudelt und ausgelutscht wie das »Girl from Ipanema«, das »House of the Rising Sun« oder »Blowin' in the Wind«. Was von Anfang an keine besonders gute Idee war, ist durch Endlosrepetition zu Folklorequal geronnen und von Schreckenskrempel wie »Fiesta Mexicana« oder »Einigkeit und Recht und Freiheit« allenfalls nuanciell zu unterscheiden.

Archivausgrabung? Man soll die Toten ruhen lassen, ganz besonders dann, wenn es sich um Tote Hosen oder andere abgelebte Kunsthandwerke handelt.

Kunst macht viel Arbeit

Zum 125. Geburtstag von Karl Valentin

DAS WICHTIGSTE ZUERST: Der Name Valentin wird mit hartem V gesprochen, also Falentin; alles andere konnte Karl Valentin nämlich nicht leiden. Schließlich hatte und hat er nichts mit dem watteweichen, vaselinigen Valentinstag zu tun, einer Erfindung von kruden, geschäftstüchtigen Blumen- und Bonbonnierenverkäufern. Karl Valentin erfand sich selbst – geboren wurde er am 4. Juni 1882 als Valentin Ludwig Fey, in der Münchner Vorstadt Au. Nach Schulzeit und Schreinerlehre besuchte er eine Münchner Varietéschule; seine ersten Auftritte datieren vom Beginn des 20. Jahrhunderts – jener Epoche, in der die Menschheit die spärlichen Reste ihrer Unschuld für immer verlor und ohne die Karl Valentins Künste weder entstanden noch erklärbar wären.

Valentin war ein Meister der grotesken Miniatur. Er zeigt den Menschen des 20. Jahrhunderts, der vom Individuum zum Bruchteil einer Masse herabgesunken ist. Den Solitär, der sorglos-unbekümmert durch sein Leben strummselt, gibt es nicht mehr, das neue Zeitalter hat ihn zerdullert und zerfetzt. Der Mensch der Moderne lebt in elenden Massenquartieren, hört das Massenmedium Radio, aus dem später der »Volksempfänger« wird, er vergnügt sich massenhaft im Kino, organisiert sich in Massenparteien und wird im Ersten Weltkrieg mit Massenvernichtungswaffen wie Massenware ausgelöscht. Anthropologisch gesehen ist die menschliche Spezies ziemlich alt; zu Beginn des 20. Jahrhunderts ist sie einschneidenden, revolutionären Umwälzungen ausgesetzt, die sie nicht verkraftet, weder als Ganzes noch im Einzelnen.

Die Erfahrung des Absurden, der Ohnmacht des Einzelnen, hat die Künste des 20. Jahrhunderts maßgeblich geprägt. Franz Kafka und Charlie Chaplin, so unterschiedlich ihre Arbeitsweise und ihr Stil sind, zeigen den modernen Menschen im Kampf mit einer aus jedem Rahmen und aus allen Fugen herausgeratenen Welt. Nichts stimmt mehr, schon gar nicht die Sprache und die Begriffe.

Hier setzt Karl Valentin an – er misstraut noch den einfachsten, scheinbar ganz selbstverständlichen Wörtern. Sein Monolog »Das Aquarium« beginnt folgendermaßen: »Weil wir grad vom Aquarium redn, ich hab nämlich früher – nicht im Frühjahr – in der Sendlinger Straße gewohnt, nicht *in* der Sendlinger Straße, das wär ja lächerbar, *in* der Sendlinger Straße könnt man ja gar nicht wohnen, weil immer die Straßenbahn durchfährt, in den Häusern hab ich gwohnt in der Sendlinger Straße. Nicht in allen Häusern, in einem davon, in dem, das zwischen den andern so drin steckt, ich weiß net, ob Sie das Haus kennen. Und da wohn ich, aber nicht im ganzen Haus, sondern nur im ersten Stock, der ist unter dem zweiten Stock und ober dem Parterre, so zwischen drin, und da geht in den zweiten Stock so eine Stiege nauf, die geht schon wieder runter auch, die Stiege geht nicht nauf, wir gehen die Stiege nauf, man sagt halt so. Und da hab ich, in dem Wohnzimmer, wo ich schlaf, ich hab ein extra Wohnzimmer, wo ich schlaf, und im Schlafzimmer wohn ich …« und so weiter, denn wie sagt es Karl Valentin selbst: »Kunst ist schön, macht aber viel Arbeit.«

Der Komiker, Spaß- und Faxenmacher, der ulkige Wörterverdreher, als der Valentin missverstanden worden ist, war er nicht. Dünn wie ein Nagel und von eher trauriger Gestalt zeigt Valentin Menschen, die im Räderwerk der Welt zappeln. Er zeigt sie, er führt sie nicht vor, gibt sie nicht der Lächerlichkeit preis. Valentin ist mithin das genaue Gegenteil von dem, was manche Deutsche »zum Brüllen komisch« finden und nennen. »Zum Brüllen komisch«, das gibt es überhaupt nicht. Wenn etwas »zum Brüllen« ist, dann ist es zum Brüllen – also nicht komisch.

Karl Valentin hatte – im Gegensatz zu Dauerlautsprechern, Flachlachsäcken und Brülleimern wie Mario Barth, Oliver Pocher oder Stefan Raab, die heute als »komisch«, »lustig« oder »witzig« gelten – Humor, also eine Haltung zur Welt. Er bildete die Welt ab, die er kannte: die Welt der kleinen Leute, ihre Kämpfe und ihre Verlorenheit – die er in schöner Vermeidung von Lachsalventauglichkeit pointiert zusammenfasste: »Fremd ist der Fremde nur in der Fremde.«

Valentin, der sich selbst leicht resignierend einen »Blödsinnkönig« nannte und der am 9. Februar 1948 starb, hat sein künstlerisches Credo so formuliert: »Kunst kommt von Können, nicht von Wollen, sonst würde es ja Wunst heißen.« Valentin wollte nicht – Valentin konnte.

Das Sarkozy-Syndrom

... und die deutsch-französische Nachbarschaftshilfe

DIE FRANZÖSISCHE KULTUR ist in höchster Gefahr. Französische Winzer machen sich große Sorgen um die *Grande Nation* – und das wegen ihres neuen Präsidenten. Denn Nicolas Sarkozy legt Wert darauf, aller Welt kundzutun, dass er ein sportivgesundes Fitnessleben führt und keinen Alkohol trinkt, auch keinen Wein.

Das rief im Juni 2007 einige Winzer auf den Plan. Ein Franzose, der den Wein verschmäht, der das klassische *savoir vivre* und das »Leben wie Gott in Frankreich« nicht beherrscht – was soll das sein? Nach Ansicht der Winzer jedenfalls bietet Sarkozy »ein völlig falsches Bild von Frankreich« und ist mit seinem geradezu unmoralischen Mineralwasserlebenswandel »kein Repräsentant der französischen Kultur«. So apodiktisch formulierte es Serge Dombierer, der für das Weingut Château de Mauvanne im Bordeaux arbeitet.

Klingt das nicht herrlich vernünftig? In einer Welt, die unter irrationalem, hysterischem Gesundheitsterror ächzt, steht endlich einmal der richtige Mann am Pranger. Sarkozy ist eine einzige ehrgeizgetriebene Disziplinleistung auf Beinen – auf kurzen Beinen, muss man im Sinne der Wahrheitsfindung hinzufügen. Denn in der Gruppe der Männer unter Einen-Meter-Siebzig Körpergröße gibt es die Untergruppe der bösartigen Chefzwerge, die einen Zukurzgekommenenkomplex entwickelten, den sie durch immerwährendes Heißlufthantieren, Aufplustern und Auf-die-Zehenspitzen-Stellen abarbeiten müssen – bis sie, und zwar um jeden Preis, von allen wahrgenommen werden und eine Position erreicht haben, die es ihnen ermöglicht, beim Von-unten-nach-oben-Kucken zu den Größeren hinauf-, dennoch auf diese herunter-, ja herabzusehen. Solche Männer – als treffendes zweites Beispiel neben Nicolas Sarkozy mag hier Wolf Biermann dienen – sind nimmersatte Aufmerksamkeitserpresser oder weit Gefährlicheres.

Darüber hinaus gehört der französische Präsident zu jener internationalen Chefetagenkaste von gesichtslosen, charakterfernen Funktionselitaristen, die allesamt aus demselben Reagenzglas beziehungsweise derselben Ausbildungsmaschinerie stammen. Menschliche Bindungen und Schwächen sind in diesem systematisiert seelenlosen Perfektionismus nicht vorgesehen. Selbstverständlich trinkt Sarkozy nicht; ihn beherrscht die Angst vor Kontrollverlust, die sich aus dem berechtigten Misstrauen speist, er werde, wenn er sich einmal gehen lasse, etwas furchtbar Peinliches, ihn ganz und gar Decouvrierendes anstellen. Wie ein klassischer Franzose wirkt Sarkozy also tatsächlich nicht; der Mann ist so zwanghaft und verbissen, er könnte Ehrendeutscher werden.

Der Vorschlag einiger französischer Winzer, Sarkozy solle »den Wein zumindest wie bei einer Weinprobe testen und dann ausspucken«, ist allerdings ebenfalls verbiestert und unsinnig. Wer immer nur leistet statt lebt, ist zwar unangenehm, mag das aber tun. Zwingen soll man keinen. Und wozu überhaupt mit jemandem anstoßen, der das nicht gern hat – noch dazu mit einer Kneifzange wie Sarkozy?

Ums Geschäft brauchen sich die von billiger Überseekonkurrenz gezwiebelten französischen Winzer in diesem Fall nicht zu sorgen: Das bisschen Wein, das Sarkozy bei öffentlichen Repräsentationsanlässen ohne zu zahlen in die Kameras halten könnte, soll ihnen in einem Akt deutschfranzösischer Nachbarschaftshilfe bei voller Vergütung abgenommen werden. Keine Angst, liebe weinproduzierende Franzosen: Um das jährliche Sarkozy-Weindeputat kümmern sich, mit eurer Erlaubnis, dann eben euch wohlgesonnene Nachbarn – falls nötig, stelle ich mich selbst zur Verfügung. À votre santé!

Zur Öko-Psychologie des
Weinflaschenetikettenessens

IN EINEM BIO-SUPERMARKT in der Nähe des Bahnhofs Kassel-Wilhelmshöhe kaufte ich Brot, Käse und Wein. Das Kulturgetränk hatte ein kleines Schild um den Hals hängen, ich las es mit wachsendem Staunen.

»Ein Vorbild für den Einklang zwischen Natur und Mensch: Bonterra Vineyards.

Bonterra Vineyards im Mendocino County in Nordkalifornien gehört zu den weltweit führenden Betrieben bei der Erzeugung von biologisch und biodynamisch angebauten Weinen. Bonterra Weine haben eine bis ins kleinste durchdachte Ausstattung. Beispielsweise wird nur in Flaschen aus recyceltem Glas abgefüllt und – Sie könnten das Etikett theoretisch essen, da es aus Kenaf Pflanzenfasern mit einer Schrift aus Sojabohnenextrakt hergestellt ist.«

Ich fürchtete schon, ich hätte es ernsthaft an den Augen, aber das stand tatsächlich alles da: »Sie könnten das Etikett theoretisch essen.« Ökologische Lebensmittelerzeugung ist ja gut und richtig, aber man kann es auch übertreiben. Weinflaschenetiketten essen möchte ich nicht, nicht einmal theoretisch. Die seltsame Idee beschäftigte meine Phantasie: Ich sah fanatische Öks vor mir, die, eine Weinflasche quer vorm Munde, das Etikett vom Recyclingglas wegnagten und abknabberten. Um dann mit Kenafpapier und Sojaschrift im Halse Michael Holm nachzusingen: »Auf der Straße nach Mendocino, da fraß ich ein Etikett von einer Weinflasche, na-na-na-na-na ...«

Ich ließ das Etikett, wo es war, entkorkte die Flasche, füllte ein Glas, schnitt Brot und Käse ab und begann eine

Mahlzeit von einfacher, biblischer Güte. Der Wein schmeckte gut; dass er, wie ich auf der Rückseite des Informationsschildchens erfuhr, »ohne Verwendung von Kunstdünger, ohne Herbizide, Fungizide und andere chemisch-synthetische Pflanzenschutzmittel« erzeugt wird, will ich ohne Einschränkung loben.

Doch die bloße Vorstellung, Weinflaschenetiketten zu essen, entfaltet appetitzügelnde Wirkung. Ein leerer Bauch sinniert recht gern: Wie konnte diese sehr deutsch anmutende ökologische Konsequenz im sonnigen Kalifornien gedeihen? Als ich das Rauchverbotsschild im Hotelzimmer sah, ward es Licht: In Nichtraucherfanatikerparadiesen blüht der Wahn. Wo die körperliche Gesundheit über alles geht und zum einzigen Kriterium erhoben wird, läuft der Geist aus dem Ruder. Gastgeber, die sich Gäste ausschließlich einladen, damit sie jemandem das Rauchen untersagen können, bieten ihnen zum Essen auch leere Weinflaschen an, zum Abnagen.

Der Fernsehkasten als Mikrowelle

Eine Verwunderung über das Kochfernsehn

DER ERSTE FERNSEHKOCH, den ich sah, hieß Max Inzinger – seitdem ist das Wort »feingehackt« fest in meinem aktiven Wortschatz verankert. Ich sah den Mann bei meiner Großmutter mütterlicherseits, wo die restriktiven elterlichen Fernsehvorschriften lax gehandhabt wurden: Ich durfte Western kucken und Krimis, bei denen meine Omma regelmäßig einschlief, nachdem sie zuvor missbilligend »Ach, wieder erst zwei Tote!« gemurrt hatte – als Angehörige der Kriegsgeneration hatte sie anderes erlebt und entsprechend forcierte Maßstäbe und Ansprüche. In einer ZDF-Sendung namens »Drehscheibe« sah ich dann eben auch jenen ollen Fernsehkoch, dessen Existenz ich allerdings nicht verstand: Meine Omma kochte und konnte das alles viel besser.

Vor Max Inzinger, so berichtete mir als Gewährsmann der Maler Nikolaus Heidelbach, gab es in Deutschland bereits den Fernsehkoch Clemens Wilmenrod, von dem sich Heidelbach einen Satz für immer merkte: »Wir rühren aus Ketchup und Mayonnaise einen Creme« – ja, »einen Creme«, so sprach der Mann, obwohl »einem Creme« sogar noch eine Idee elaborierter gewesen wäre. Ein Ketchup-Mayonnaise-Creme: Wer da keinen Appetit bekommt, ist selber schuld. Allerdings war Wilmenrod kein Koch, sondern Kochdarsteller. Während die heute im TV agierenden Köche ja Wert darauf legen, nicht nur medial, sondern auch in der wirklichen Wirklichkeit kochen zu können, und das auch noch richtig gut.

Wozu im Fernsehen kochen, wenn man es in der freien Wildbahn tun kann? Es ist gut für die Popularität, also fürs

Geschäft, für gewöhnlich schließt sich an die Fernsehkarriere eine zweite als Kochbuchautor an, und man tut, wenn auch vielleicht nicht etwas Gutes, so doch immerhin nichts Böses. Es gibt so viele Haushalte, in denen nicht gekocht wird, so viele Kinder, Jugendliche und junge Erwachsene, die niemals die grundlegende Kulturerfahrung gemacht haben, wie aus dem Rohen das Gekochte wird. Wenn man nur ein paar von diesen bedauerlichen Menschen dazu inspiriert, an den Herd zu gehen und selbst eine Mahlzeit zuzubereiten, kann das nicht verkehrt sein. So gesehen tut Jamie Oliver viel Lobenswertes: Er gibt unbekochten, also ungeliebten Kindern zwei Hände und die Lust zum Kochen zurück. Warum allerdings zigtausende aufgekratzte Menschen in seine Live-Shows rennen, zählt zu den Rätseln, die ungelöst bleiben dürfen.

Wieso wurde Kochen Pop, wie können Köche Popstars werden? Traditionell ist der Koch ein Underdog, durch Schichtarbeitszeiten im sozialen Aus zuhause und immer mit mindestens einem Bein in der Suchtmittelabteilung. Das gilt nicht mehr – alerte junge Erfolgsköche prägen das Berufsbild. Der klassische Küchen- und Kantinenbulle, dem das speckige Hemd überm Gewaltranzen spannt, existiert zwar noch in tausenden Brutzelbuden des Landes, doch das Image des modernen Kochs ist sauber. Köche sind heute kulturell gebildete Menschen, sie verstehen etwas von den schönen, sinnlichen Seiten des Lebens, und sie sind gute Geschäftsleute. Das durften sie sich von Alfred Biolek abschauen, dem geschäftstüchtigen Juristen und Fernsehkoch, der bei jeder verkauften Biolek-Fernsehküche mit 20 % am Gewinn beteiligt war. Es war die joviale Schmunzelmuffe Biolek, die das Kochen im Fernsehn verpopte. Und wenn aus einer Profession Pop wird – siehe unsere ältlichen Jungschriftsteller von der Firma KiWi –, dann wird alles Gewerbe, in jeder Bedeutung des Wortes.

Ich sehe dem Fernsehkoch Johann Lafer beim Fernsehkochen zu. Sein Bild kannte ich schon von einer Essigflasche – auf deren Etikett Lafer mit Daumen und Zeigefinger einen Kreis formt, was das Superbe an diesem Produkt herausstreichen soll. Man kann die Geste aber genauso als Vulgärausdruck für den menschlichen Hinterausgang interpretieren. Das muss Herr Lafer ganz allein wissen, ob er sich so missverständlich und massenhaft abbilden lassen will. Seine Ausrüstung im Fernsehn jedenfalls legt nahe, dass man ohne eine Hochtechnik-Küche aus der Weltraumforschung und drei saftige Sponsorenverträge gar nicht erst anzufangen braucht mit dem Kochen. Es gilt aber: Kochen ist wie Liebe, man muss dazu imstande sein. Es braucht nicht technische Mätzchen, sondern im Gegenteil den ganzen Menschen. Das ist ja gerade das Schöne daran.

Mit Tim Mälzer hat ebenfalls alles keinen Zweck – auch dieser Koch wirbt für Industrielebensmittel und arbeitet für *Bild*, das Anti-Lebensmittel. Wer für *Bild* kocht, kann seinen Brägen auch als Wurst verkaufen. Das ist kein moralisches Urteil, sondern ein professionelles; man kann nicht mit der Mülltonne Geschäfte machen und anschließend ein unverdorbenes Gericht kochen. Kochen ist nicht heilig, aber etwas archaisch Religiöses umweht die kulinarischen Rituale. Wie sagt das erste Küchengebot: Du sollst die guten Nudeln / nicht mit *Bild* besudeln.

Was Johannes B. Kerner in der Welt der medialen Pfannenschwinger tut, hat mit Kochen nichts zu tun, nicht einmal mit Kochfernsehn. Der Mann lässt kochen und grinst dazu, überflüssiger noch als Bertolt Brechts »Fisch mit Namen Fasch«. Die Mischung aus Gedankenarmut, uneingeschränktem Abgreiferinstinkt und Ich-hab's-geschafft-Erfolgsschnäuzchen imponiert hierzulande nicht wenigen; so substanzfern wie Kerner kämen viele Landsleute auch gern durch ein zusammengelogenes Teuerteuerleben. Müssen dafür aber unschuldige Filets verbraten werden?

Auf ganz andere Weise deplaziert wirkt Jürgen Dollase. In den siebziger Jahren Mitglied einer Krautrockband, speist Dollase heute für *FAZ* und *FAS* in gehobenen Restaurants. Das schadet nicht – man soll nicht nur gut kochen können, man muss auch ein guter Passivkoch sein, also Esser; ohne Esserin und Esser gäbe es keinen Koch und keine Küche. Köche brauchen Esserinnen, das verbessert sie von innen. Restaurantkritiker sind weniger nützlich.

Dollase geht es, in der Zeitung oder im Kochfernsehn, um Grundsätzliches: Er will die Voraussetzungen für eine hoch entwickelte Küche ergründen. Das macht er seriös, aber wie viele deutsche Intellektuelle ist Dollase kein scharfer und präziser Denker, eher ein verquollener. Der Mann kommt nicht auf den Punkt, und das ist nicht nur beim Kochen tödlich.

Warum wird im Fernsehn gekocht? Weil Kochfernsehn für vergleichsweise wenig Geld herzustellen ist? Die Fernsehkocherei hält allerhand Arbeitslose und Rentner von der Straße, das soll man nicht unterschlagen, das ist ja etwas. Unsere Greisinnen und Greise haben es auch gern, wenn's im Fernsehkasten britzelt und spratzelt und trotzdem nichts angebrannt riecht und man hinterher auch nichts abwischen oder wegspülen muss. Wenn die Industrie jetzt noch eine Mischung aus Fernsehapparat und Mikrowelle anböte, das ganze Land, sofern nicht auf dem ersten bis dritten Arbeitsmarkt ein Bruttosozialprodukt herbeiwürgend, säße komplett vor den Apparaten, und am Ende der Sendung käme das Essen fertig aus der TV-Mikrowelle direkt in den Schlund.

Meine Omma, Jahrgang 1919, liebt inzwischen das an Toten sehr arme Kochfernsehn; ihr Lieblingskoch im Fernsehn ist Vincent Klink, über dessen Sendungen ich nicht schreiben kann – wir sind Freunde. Was meine Großmutter zum Anlass nahm, mich zum Boten zu bestellen. »Kannst du Vincent Klink bitte von mir ausrichten, dass er viel zu einfach kocht?«, fragte sie mich. »Richtiges Arme-Leute-Essen« sei das kürzlich wieder gewesen, schimpfte meine Omma. Die alte Dame, die 1944 mit zwei kleinen Töchtern zu Fuß und mit dem Handkarren von Tilsit in Ostpreußen nach Westfalen floh und niemals in ihrem Leben materiell reich war, kam zum Schluss: »Sag ihm doch bitte: Da haben wir ja auf der Flucht besser gegessen.« Womit dann endlich alles in Butter war.

No Sleep Till Leben's Art

Die Schrecken des Rock'n'Roll

Zur Erinnerung an
Michael Rudolf

KNAPP FÜNFZIG TAGE WAREN das Spardosen-Terzett und ich im Herbst 2002 unterwegs im Deutschsprachigen. Wir lernten, dass ein Gutteil der Landsleute sich nicht ins Auto setzt, um von A nach B zu gelangen, sondern um recht zu haben, doch kamen wir immer unversehrt an unser Ziel. Mancherorts wurden wir empfangen wie Könige, mit Champagner getränkt und in weich beteppichte Suiten geführt, doch schon anderntags wurden uns Gummibrötchen mit Seperatorenfleisch kredenzt und Hotelzimmer angeboten, die uns zu der Ansicht zwingen wollten, dass sich das Leben als Schriftsteller oder Musiker von der Existenz als oller Vertreter zuweilen nicht fundamental unterscheidet. Gegen die Türen bollernde Staubsaugerkommandos weckten uns am frühesten Morgen; half das nicht, griffen Rezeptionshexen zum Telefonhörer und schrien »Wann gä wääkk? Wann gä wääk?« in die Muschel.

Um im Alltag aus Autofahrt, Zeittotschlagen in der Garderobe, Mikrophonprobe, Auftritt und Hotelzimmer nicht abzustumpfen, machten wir einen Grundkurs Spanisch: Kai Struwe sprach vor, Rainer Lipski, Mickey Neher und ich wiederholten die Konjugationen und Deklinationen. Manchmal gab es unangekündigte Vokabeltests, bei denen mir der Schweiß genauso ausbrach wie früher in der Schule.

So kamen wir auch nach Greiz in Thüringen. Veranstalter waren zwei Bibliothekarinnen, die einige Jahre zuvor schon Gerhard Henschel und mich eingeladen hatten, aus unserem Wendeschundroman »Der Barbier von Bebra« zu lesen, in dem Greiz als Brutstätte knebelbärtiger, gläubisch und mundsauer maulender Bürgerrechtler eine Rolle gespielt hatte. Vor dieser Lesung waren die Bibliothekarinnen in Greiz von eben genau diesen Runde-Tisch-Rechtlern drangsaliert worden; allen im Namen der Demokratie und des Grundguten erhobenen Forderungen, die Veranstaltung gefälligst abzusagen und Henschel und mich wieder auszuladen, hatten die Bibliothekarinnen indes widerstanden. Nach der Lesung waren wir, abgeführt von Michael Rudolf, dem Greizer Freund und Kollegen, der im »Barbier« der sympathische Bürgerrechtlermörder gewesen war, ins »Café Leben's Art« gegangen, das Zentrum des Greizer Menschenrechtings.

Dort wollte man uns zunächst ignorieren, bediente uns dann aber doch, wenn auch provokativ pampig, weshalb ich ein Bild des schrecklichen Quetschkommodisten Stephan Krawczyk von der Wand nahm und es völlig offensichtlich stahl.

In exakt diesem »Café Leben's Art« fand jetzt unser Greizer Auftritt statt – für mich war er auch eine Verbeugung vor zwei Frauen, die feigverhockten Engstirnlern und Bessermenschen über Jahre Paroli boten. Nach allerlei Feierei wurde herzlich Abschied genommen, Herr Lipski und ich zockelten zum Hotel. Prophetisch, wie sich bald zeigen sollte, zitierte ich aus »Tobias Knopp« von Wilhelm Busch: »Schwierig, aus verschiedenen Gründen / Ist das Schlüsselloch zu finden.« Das Hotel war zwar einigermaßen passabel, hatte allerdings keinen Nachtportier, und an den sehr massiven Zimmertüren gab es außen nur einen Knauf – wenn also die Tür zu und der Schlüssel drinnen war, dann war man draußen. Zunächst aber war ich drinnen und auf dem Weg ins Bett. Rainer Lipski, der Besuch von seiner Frau hatte, klopfte und fragte mich, ob ich noch etwas zu essen und zu trinken hätte. Ich hatte noch Käse und Wein im Zimmer und rief, ja klar, ich bringe dir das raus.

Allerdings war ich nur noch in Hemd, Weste und Unterhosen. Als ich Rainer Lipski Wein und Käse auf dem Flur kurz in die Hand drücken wollte, fiel die Tür hinter mir zu. Der Schlüssel war im Zimmer, ich stand vor der Tür, sehr unvollständig angezogen und ziemlich ratlos. Es muss ein köstlicher Anblick gewesen sein – Rainer Lipski jedenfalls lachte sich kaputt.

Was tun? An der unbesetzten Rezeption gab es immerhin eine Notfallnummer. Ich wählte sie, aber niemand hob ab. Zu den beiden Liebenden wollte ich mich auf keinen Fall als Störenfried ins Zimmer legen, und weder Mickey Neher noch Kai Struwe waren telefonisch zu erreichen. Mittlerweile war es halb drei Uhr morgens, draußen war es novemberkalt, ich hatte keine Hosen an und keine Schuhe; der Versuch, ein anderes Hotel zu finden, kam also ebenso wenig in Betracht wie die gute alte Parkbank. Ich war müde und verzweifelt und wollte nur noch ins Bett.

Und so trat ich die Hotelzimmertür auf. Es splitterte entsetzlich laut, zum Glück sah mich niemand, ich wäre vor Scham gestorben. Hotelzimmertürenauftreter waren für mich bis dahin blöde Rockmusiker in Lederklamotten mit Föhnfrisur bis sonst wohin gewesen, Typen, die keinen Satz sagen können, bei dem man nicht vor Langeweile oder Abscheu vergeht. Nun war ich selbst zum Rocker herabgesunken. Ich ging ins Zimmer, lehnte die zerdullerte Tür von innen an, so gut es ging, stellte meine Reisetasche davor und legte mich schlafen.

Beim morgendlichen Aufwachen sah ich nur das Malheur. Peinlichkeitsgefühle durchströmten mich – wäre ich doch einfach nicht da gewesen! Es half nichts. Ich duschte, zog mich an und ging zur Rezeption, um die Sache zu klären. Dort aber standen mit panikgeweiteten Augen drei Damen, die, während sie angstschlotternd mit den Fingern auf mich zeigten, im tiefsten thüringischen Dialekt riefen: »Do kommt der Treder! Do kommt der Treder!« Wie gerne hätte ich alles ungeschehen oder wiedergutgemacht oder doch wenigstens erklärt, wie alles gekommen war, aber die Frauen wichen vor mir, den sie sichtlich für hochgeradig gewaltbereit hielten, zurück und fistelten: »Sie sin der Treder! Mir hole den Schäff!«

Es war nichts zu machen, ich ergab mich in mein Schicksal und harrte aus. Der »Schäff!« Genannte kam, ein Klumpen von Mann, der mich ansah, als wolle er mich in Eisen legen lassen. Er schob mir einen Zettel zu, auf dem »Schulderklärung« stand. Das Dokument hatte der Hotelier eigenhändig geschrieben; ich musste darin meine Schuld bekennen und versichern, dass ich für alle finanziellen Folgen rückhaltlos aufkommen würde, ansonsten er die Polizei holen werde. Trotz dieser albernen Drohung unterschrieb ich sofort – auch das gehört zur Peinlichkeit des Hoteltürauftretens.

Wir fuhren los, dem nächsten Auftritt und dem nächsten Hotel entgegen. Den Rest der Tournee hütete ich meine Hotelschlüssel wie ein Drache seinen Schatz. Auf meiner inneren Landkarte aber ist Greiz ein Ort der Schande, und von den beiden mutigen Bibliothekarinnen habe ich nie wieder etwas gehört.

Anfang

Bring die Psyche zum Schuster:
Neuer Absatz, neues Muster.
Lass die Seele dir besohlen
Und dann sage: Gott befohlen …!

Inhalt

236

»Droste lauert

Wiglaf Droste
Kafkas Affe
stampft den Blues

Reclam

192 Seiten | RT 20139

Wiglaf Droste
Bombardiert
Belgien! & Brot und
Gürtelrosen

Reclam

192 Seiten | RT 20043

»Droste wird mehr und mehr ein Sprach- und Medienkritiker, der die Bewohner des Landes Infantilien nachdrücklich dazu anhält, doch bitte das eigene Gehirn zu verwenden. Anwesende nicht ausgenommen, die dennoch sehr lachen.« FRANKFURTER ALLGEMEINE ZEITUNG

»Droste ist Droste. Und das ist für einen Satiriker vielleicht das größte Lob: Er ist eigen, gänzlich unangepasst, hat seine eigenen Themen, seinen unverkennbar bissig-zynischen Stil.« NDR INFO

Reclam

überall« *Münchner Abendzeitung*

Wiglaf Droste / Vincent Klink:
Wir schnallen den Gürtel weiter
Eine Essenz aus ›Häuptling Eigener Herd‹
Mit Zeichnungen von F. K. Waechter

314 Seiten | RT 20158

Es gibt nur eine kulinarische Kampf(zeit)schrift und die heißt ›Häuptling Eigener Herd‹. Herausgeber sind der Koch Vincent Klink und der
Satiriker und Dichter Wiglaf Droste. Über 30 Ausgaben sind von dieser
einzigartigen Literaturpostille seit 1999 erschienen, die besten Beiträge
versammelt dieser Band.

»Ein Lebens-Mittel für Hirn und Ranzen, man will's nimmer weglegen.«
HEILBRONNER STIMME

»Der Leser wird hungrig beim Lesen.« DIE ZEIT

Reclam